Comment devenir une

☆STAR☆

des médias sociaux

Catalogage avant publication de Bibliothèque
et Archives nationales du Québec et Bibliothèque
et Archives Canada

Arpin, Dominic
    Comment devenir une star des médias sociaux
    (Collection Guides pratiques)
    ISBN 978-2-7640-1656-5

    1. Médias sociaux. 2. Protection de l'information
(Informatique). I. Dion, Patrick. II. Titre. III. Collection:
Collection Guides pratiques (Montréal, Québec).

HM742.A76 2010   302.23'1   C2010-941787-9

© 2010, Les Éditions Quebecor
Une compagnie de Quebecor Media
7, chemin Bates
Montréal (Québec) Canada
H2V 4V7

Dépôt légal: 2010
Bibliothèque et Archives nationales du Québec

Pour en savoir davantage sur nos publications,
visitez notre site: www.quebecoreditions.com

Éditeur: Jacques Simard
Conception de la couverture: Bernard Langlois
Illustration de la couverture: Yan Thériault
Conception graphique: Sandra Laforest
Infographie: Claude Bergeron

Imprimé au Canada

Gouvernement du Québec – Programme de crédit d'impôt pour l'édition
de livres – Gestion SODEC.

L'Éditeur bénéficie du soutien de la Société de développement des entreprises culturelles du Québec pour son programme d'édition.

Nous reconnaissons l'aide financière du gouvernement du Canada par
l'entremise du Fonds du livre du Canada pour nos activités d'édition.

DISTRIBUTEURS
EXCLUSIFS:

• Pour le Canada et les États-Unis:
MESSAGERIES ADP*
2315, rue de la Province
Longueuil, Québec J4G 1G4
Tél.: (450) 640-1237
Télécopieur: (450) 674-6237
* une division du Groupe Sogides inc.,
filiale du Groupe Livre Quebecor Média inc.

• Pour la France et les autres pays:
INTERFORUM editis
Immeuble Paryseine, 3, Allée de la Seine
94854 Ivry CEDEX
Tél.: 33 (0) 4 49 59 11 56/91
Télécopieur: 33 (0) 1 49 59 11 33

**Service commande France
Métropolitaine**
Tél.: 33 (0) 2 38 32 71 00
Télécopieur: 33 (0) 2 38 32 71 28
Internet: www.interforum.fr

**Service commandes Export –
DOM-TOM**
Télécopieur: 33 (0) 2 38 32 78 86
Internet: www.interforum.fr
Courriel: cdes-export@interforum.fr

• Pour la Suisse:
INTERFORUM editis SUISSE
Case postale 69 – CH 1701 Fribourg
– Suisse
Tél.: 41 (0) 26 460 80 60
Télécopieur: 41 (0) 26 460 80 68
Internet: www.interforumsuisse.ch
Courriel: office@interforumsuisse.ch

Distributeur: OLF S.A.
ZI. 3, Corminboeuf
Case postale 1061 – CH 1701 Fribourg
– Suisse

Commandes: Tél.: 41 (0) 26 467 53 33
Télécopieur: 41 (0) 26 467 54 66
Internet: www.olf.ch
Courriel: information@olf.ch

• Pour la Belgique et le Luxembourg:
INTERFORUM BENELUX S.A.
Fond Jean-Pâques, 6
B-1348 Louvain-La-Neuve
Tél.: 00 32 10 42 03 20
Télécopieur: 00 32 10 41 20 24

Dominic Arpin et Patrick Dion

Illustrations de Yan Thériault

Comment devenir une

des médias sociaux

Maîtriser  comme des pros

LES ÉDITIONS
Quebecor
Une compagnie de Quebecor Media

Dédicaces

Dominic Arpin dédie ce livre à sa tendre moitié, Annie, une veuve des réseaux sociaux qui a dû composer avec la cyberdépendance de l'auteur. Il s'excuse pour les nombreuses fois où elle a dû lui écrire sur Facebook pour qu'il vienne faire la vaisselle…

Patrick Dion dédie ce livre à son amoureuse, Geneviève, à qui il ne sait plus quoi répondre lorsqu'elle lui demande s'il va «enfin lâcher son maudit ordinateur!», et à son fils, Gabriel, pour qui il est sans nul doute un bien mauvais exemple.

Introduction

La petite histoire des médias sociaux

Qu'on s'en serve pour gagner une élection historique (bonjour, Barack Obama!), pour dénoncer le pouvoir en place dans un pays totalitaire (oui, on parle de toi, l'Iran), ou tout simplement pour partager la photo du petit dernier (il ressemble tellement à son père!), les réseaux sociaux ont tous un point en commun: ils connectent les gens.

Jamais, dans l'histoire, n'a-t-on vu des outils de communication aussi puissants et accessibles. Jamais, dans l'histoire, n'a-t-il été si simple de prendre la parole, de se faire entendre et de se regrouper. Jamais, dans l'histoire, la théorie des six degrés de séparation n'a-t-elle été aussi fausse!

Tout à coup, la planète semble bien petite…

Et s'il fallait un argument de plus pour vous persuader de l'ampleur du phénomène, des études démontrent que les médias sociaux sont aujourd'hui plus populaires que les sites XXX sur le Web. Oui, vous avez bien lu: le *poke* ne veut plus du tout dire la même chose!

Mais que s'est-il donc passé pour que soudainement nous devenions tous des producteurs de contenu obsédés par leurs statuts Facebook, leurs micromessages sur Twitter ou leur blogue personnel? Pour comprendre le phénomène, il faut remonter un peu dans le temps.

Pendant une quinzaine d'années, de 1990 à 2005 *grosso modo*, le World Wide Web (aussi appelé la Toile) s'est articulé autour de sites conçus par des programmeurs maîtrisant le langage HTML. Seuls ces cracks en informatique avaient le pouvoir de créer des sites. C'était la revanche des *nerds*! Rappelez-vous cette époque où l'on s'extasiait en visitant le musée virtuel du Louvre et où des images clignotantes et une cascade d'étoiles au bout de notre curseur nous arrachaient des cris d'excitation!

C'était l'ère des sites statiques que l'internaute ne pouvait que contempler passivement, sans possibilité d'interagir et de participer. Avec la venue de ce que l'on appelle communément le Web 2.0 – un terme utilisé à partir de 2004 mais qui est entré dans le langage courant en 2007 –, le rapport de l'internaute a changé. De spectateur, il est devenu acteur.

Tout à coup, concevoir un blogue ou se créer un compte sur un réseau social est devenu aussi simple pour lui que de programmer le magnétoscope à cassette ou le four à micro-ondes (sauf peut-être pour maman, mais bon, ça s'en vient…).

La simplicité des plates-formes de diffusion, combinée au besoin que nous avons tous de communiquer, de nous exprimer et de crier haut et fort que nous existons, a fait exploser la demande pour les réseaux sociaux de toutes sortes. Sur Facebook uniquement, l'utilisateur passe environ une heure par jour à échanger avec ses 130 amis en moyenne! C'est énorme!

À qui s'adresse ce livre?

De Foursquare à LinkedIn, en passant par Flickr et MySpace, les réseaux sociaux sont nombreux et se renouvellent sans cesse. Il est difficile, même pour les plus passionnés, de rester à jour. Nous avons volontairement consacré ce livre à Facebook et à Twitter parce qu'ils sont de loin les plus populaires et parce que même s'ils sont largement utilisés, leur potentiel réel est rarement exploité.

Ainsi, la section sur Facebook ne se veut pas une introduction à la plate-forme. Contrairement au titre d'une certaine série de livres populaires, nous ne croyons pas que vous êtes nul! Nous tenons pour acquis que vous avez déjà un compte sur Facebook et que vous l'utilisez régulièrement. Ce guide veut tout simplement vous aider à découvrir des fonctionnalités qui vous ont peut-être échappé afin de rendre votre expérience plus agréable et plus sécuritaire.

La politique de respect à la vie privée du site étant un sujet sensible, nous avons accordé une importance particulière aux paramètres de sécurité de Facebook. Vous trouverez des explications détaillées sur chacun des paramètres et leur effet sur votre compte. Une information que bien des parents inquiets vont apprécier, foi des deux pères d'adolescents que nous sommes !

De nombreuses pages ont également été consacrées à la page Facebook (anciennement la *Fan Page*), un produit que de plus en plus de marques et de personnalités ont adopté. Vous y trouverez de nombreux trucs pour améliorer son aspect, augmenter votre nombre d'adeptes et maximiser votre temps d'utilisation.

Malgré tout le *buzz* qu'il génère, le taux de pénétration de Twitter demeure bien en deçà de celui de Facebook. N'empêche, le réseau fait des milliers de nouveaux adeptes chaque jour. Des adeptes qui se créent bien souvent des comptes… et qui tentent ensuite de comprendre comment diable tout ça fonctionne !

Twitter possède des règles qui peuvent sembler nébuleuses pour un débutant, comme cette obligation d'écrire des textes de moins de 140 caractères. Et on ne parle même pas ici de son lexique, composé de #hashtags, de RT et de #FF. Ce charabia apparent n'aura plus de secret pour vous après la lecture de ce livre. Vous pourrez à votre tour plonger dans l'action et participer à cette phénoménale conversation planétaire… et enfin, comprendre les micromessages d'Ashton Kutcher !

Nous vous expliquerons, entre autres, comment trouver les meilleurs abonnements, suivre des milliers d'abonnés sans vous essouffler et mieux gérer votre compte Twitter grâce aux nombreux outils offerts gratuitement sur le Net.

Bref, ce livre n'a qu'un objectif : vous aider à tirer le meilleur de ces deux formidables plates-formes que sont Facebook et Twitter afin d'enrichir votre expérience et, par le fait même, accroître votre popularité sur les réseaux sociaux. Nous ne prétendons pas posséder la science infuse, mais nous croyons que cet ouvrage vous permettra de mieux comprendre leur utilisation.

Nous espérons seulement que vous nous inviterez au dévoilement de votre étoile à Hollywood…

Bonne lecture !

Twitter

Un réseau qui a du caractère

On aurait bien aimé y penser nous-mêmes !

Historique

San Francisco, 2000. Une idée émerge de la tête de Jack Dorsey, un jeune programmeur qui se spécialise dans le domaine de la répartition. Inspiré par la plate-forme de blogues LiveJournal, il imagine un logiciel basé sur la communication de statuts en temps réel. Six ans plus tard, avec l'aide d'un ami, Biz Stone, Jack Dorsey approche Evan Williams, cofondateur de la plate-forme de blogues Blogger (Google) et associé chez la jeune entreprise logicielle Odeo, et lui propose alors une idée révolutionnaire : utiliser la technologie cellulaire SMS pour transmettre à un groupe d'individus ce que l'on fait au moment présent. Baptisé tout d'abord FriendStalker (harceleur d'amis) et finalement Twttr, inspiré du nom de la plate-forme de photos Flickr, le réseau avait alors l'apparence d'un seul fil public où tous les utilisateurs du système apparaissaient, nourrissant le fil de leurs pensées spontanées. Twitter était né.

Mais qu'est-ce que Twitter, aujourd'hui ? Suivi par des abonnés, le tweeteur (on parle aussi de microblogueur ou de gazouilleur) publie de courts messages de moins de 140 caractères – espaces, liens et ponctuation compris – et parsème ses idées, ses pensées et ses liens intéressants sur une plate-forme qui se met à jour en temps réel. Pourquoi 140 caractères ? Parce que les messages envoyés par SMS étaient limités à 160 caractères. Les fondateurs de Twitter ont tout simplement soustrait 20 caractères pour permettre l'affichage du nom de l'utilisateur.

Le premier tweet officiel sur Twitter a été envoyé par Jack Dorsey le 21 mars 2006. Depuis ce jour, 190 millions d'utilisateurs se sont inscrits sur le site. Ils alimentent aujourd'hui plus de 65 millions de tweets chaque jour, ce qui représente plus de 45 000 tweets à la minute! (Techcrunch, juin 2010). Au Québec seulement, on dénombre pas moins de 615 000 membres, soit près de un internaute sur dix (CEFRIO, *NETendances*, mai 2010), alors qu'on en compte 1 million en France (sondage Ifop, décembre 2009) et 18 millions aux États-Unis (projections eMarketer, fin 2009).

Depuis les premiers balbutiements de la plate-forme, en 2006, Twitter a grandement évolué. Sa croissante popularité lui a d'ailleurs causé quelques maux de tête. La fameuse baleine Twitter, image apparaissant lorsque la plate-forme est surchargée et ne répond plus, se montre le nez

régulièrement. Trop même. On a parfois d'ailleurs envie de crier: «Cétacé!» Le site a assurément quelques croûtes à manger pour atteindre un rythme de croisière qui supportera une communauté qui croît de façon exponentielle.

Une perte de temps, vraiment?

Mythes et réalité

Phénomène insignifiant et perte de temps pour certains, nouveauté incontournable pour d'autres, Twitter ne laisse personne indifférent. Pour plusieurs, Twitter n'est qu'un endroit où des internautes écrivent une foule d'informations inutiles: «Ça ne m'intéresse pas de savoir ce que l'autre vient de manger…» est une phrase que l'on entend trop souvent de la bouche de ceux qui ne connaissent pas le réseau.

Twitter est beaucoup plus qu'une boulimie d'insignifiances lancées à gauche et à droite sur la Toile. Bien sûr, il y a toujours un bruit de fond sur le réseau. Mais, comme dans un restaurant bondé et bruyant, il est toujours possible de rester concentré sur la conversation à notre table.

C'est en 2008 que Twitter est réellement devenu populaire après qu'il a été pris d'assaut par certaines vedettes et personnalités publiques ainsi que par certains médias, comme Britney Spears, Ashton Kutcher, Barack Obama et CNN. Il n'en fallait pas plus pour que le grand public leur emboîte le pas. En 2009, Twitter est même devenu le mot le plus populaire de la langue anglaise devant Obama et H1N1 (*The Global Language Monitor*, novembre 2009).

Au fil des jours, à mesure que le réseau s'agrandit, les membres commencent à s'échanger des trucs, des adresses intéressantes et des liens pertinents. Le *What are you doing?* (Que faites-vous?) des débuts a fait place, en novembre 2009, au *What's happening?* (Quoi de neuf?) d'un temps nouveau. Twitter est une bête malléable qui s'est moulée et adaptée à ce que la communauté a voulu qu'elle devienne. Imaginez une pieuvre à qui l'on couperait les tentacules, lesquels repousseraient dans la direction qu'on leur donne. Twitter, c'est un pas de plus dans la démocratisation d'Internet et de ses outils.

L'être humain, né pour connecter, partager et échanger, a fait de la plate-forme son lieu de rendez-vous social. On y partage donc comme en communauté: les coups de cœur, les coups de gueule, les liens, les articles, les musiques et les vidéos, le quotidien, les trucs intéressants et les choses qui nous font rager, aussi. Twitter est à l'image de notre magnifique planète: un *melting-pot* en pleine ébullition.

Des conversations de salon aux échanges sur le perron de l'église, des signaux de fumée aux conversations téléphoniques infinies des adolescents de la génération X, de l'ère du monologue à l'ère du dialogue, le Web social a changé radicalement notre façon de connecter, d'interagir et d'échanger avec les autres. Bienvenue à l'ère du *multilogue*.

CHAPITRE 2

Sur la ligne de départ

« Engagez-vous », qu'ils disaient

Se créer un compte

Avant de devenir un bon tweeteur, il est important d'observer quelques règles de base. Imaginez un instant qu'un inconnu se présente à vous dans la rue. Comment réagiriez-vous s'il avait un visage flou, un nom imprononçable et qu'il refusait de donner des détails sur lui ? Auriez-vous envie de devenir son ami ? Auriez-vous envie de lui révéler des informations sur vous ? Comme dans la vraie vie, il est rassurant d'avoir une bonne idée de la personne à qui l'on s'adresse. Voici comment bien remplir son profil.

Un nom, c'est pour la vie

Le nom

Utiliser un nom simple et efficace est une bonne façon que l'on se souvienne de vous. Bien que certains pseudonymes puissent être très amusants, un nom court permettra aux autres abonnés, en plus de se souvenir de vous facilement, de ne pas trop prendre d'espace dans une réponse à un message. Il ne faut pas oublier que chaque message doit comporter un maximum de 140 caractères. Un pseudonyme tel que @jesuistimidèmais jemesoignelesweekends peut s'avérer très rigolo, mais il empiétera sur la réponse à un message.

Attention, le petit oiseau Twitter va sortir !

La photo

Il est aussi primordial d'afficher une photo claire, bien cadrée, sympathique et spontanée. Idéalement de soi… Il n'est pas nécessaire de prendre rendez-vous dans un studio de photographie pour afficher qui vous êtes. Un sourire figé, comme si vous veniez d'avaler une brosse à dents, ne vous rendra probablement pas sympathique. Bien sûr, vous pouvez afficher n'importe quel genre de photo sur votre profil : votre chien, votre enfant, votre voiture. Mais dites-vous que la première image que tout nouvel abonné aura de vous viendra de votre photo de profil. Avez-vous envie d'être associé à un canard en plastique toute votre vie ?

Vous êtes le biographe

La description

Plus vous donnerez de détails sur vous, plus les autres membres de la communauté auront envie de vous suivre. Vos nom et prénom, l'adresse de votre site Web, de votre blogue ou même celle de votre profil Facebook constitueront sans l'ombre d'un doute une porte d'entrée où il fera bon cogner. Une bonne description contenant une courte biographie est aussi de mise, à moins que vous ne soyez un vampire de Transylvanie.

Décore ta vie

L'arrière-plan

La personnalisation de l'arrière-plan de votre page personnelle est sans doute moins importante que ce qui précède, mais elle est tout de même recommandée, même avec la toute nouvelle version de Twitter, offerte depuis le 14 septembre, et qui s'affiche maintenant sur deux colonnes. C'est l'équivalent de votre tapis d'entrée et une façon de souhaiter la bienvenue à vos nouveaux abonnés. Twitter offre une sélection d'une vingtaine de thèmes dans les paramètres de votre compte, mais vous pouvez aussi concevoir le vôtre. Votre page donnera ainsi un avant-goût du genre de personne que vous êtes, de ce que vous dégagez et même de ce que vous aimez. Pour les moins débrouillards, il est possible d'obtenir des arrière-plans déjà créés d'avance sur plusieurs sites. Une recherche sur la Toile avec les termes «Twitter» et «background» vous aidera sûrement à trouver l'arrière-plan de vos rêves.

Verrouillez la porte !

Privé ou public

Si vous craignez d'afficher vos messages à la terre entière, il est possible de les rendre privés. Pour protéger vos tweets, cochez la case prévue à cet effet dans les paramètres du compte. Pour s'abonner à vos messages, un utilisateur devra obligatoirement vous faire une demande que vous recevrez par courriel. Bien que cette option soit offerte, nous croyons qu'elle va un peu à l'encontre de la philosophie même du réseau, c'est-à-dire l'ouverture, le partage et l'échange.

Monsieur et Madame X

L'anonymat

À la lumière de ce qu'on vient d'avancer, certains se demanderont pourquoi des internautes persistent à utiliser les médias sociaux et les blogues de façon anonyme. La question n'est pas dénuée de sens. L'anonymat, utilisé intelligemment, permet de belles choses. Ce n'est pas pour rien qu'on trouve une telle liberté d'expression sur Internet, impossible dans les autres médias.

Par exemple, certains artistes pourraient vouloir lire, écrire, commenter et échanger sur le réseau sans avoir à subir la pression et le regard des autres. C'est tout à fait logique. Là où ça dérape, c'est lorsque des internautes empruntent la voie de l'anonymat pour ridiculiser, calomnier, lancer des insultes et même terroriser le voisinage. À ces cow-boys du Far Web, nous répondons que l'anonymat parfait n'existe pas et qu'il y aura toujours des moyens technologiques et légaux pour retracer ceux qui pèchent par des propos répréhensibles. Un internaute averti en vaut deux.

Il est évident qu'on ne pourra jamais enrayer le phénomène. Mais nous persistons à croire que ce n'est pas une raison pour censurer le Web. Peut-être est-il plus aisé de vivre avec les dérapages de certains cow-boys qui surfent sous le couvert de l'anonymat en sachant que la liberté d'expression demeurera ?

CHAPITRE 3

Le modèle de base

Réponds-moi !

Les mentions, ou @reply

Une mention est un message qui comporte votre nom d'utilisateur, précédé du désormais célèbre @. Il se peut qu'un abonné s'adresse à vous en vous posant une question, en commentant un message ou en vous citant. Les mentions permettent de suivre ce que les autres disent de vous et d'engager une conversation. Nous le répétons depuis le tout début de ce guide: Twitter est une communauté. Qui vit en société se doit donc d'interagir avec ses pairs. En conséquence, la politesse est de répondre à un internaute qui s'adresse à vous. Si vous déambulez dans la rue et que vous apostrophez quelqu'un qui finalement vous ignore, en ferez-vous une affaire personnelle? Nous, oui! Le phénomène est identique sur le Web social. Si on vous tend la main, c'est la moindre des choses de tendre la vôtre. C'est une règle de base du savoir-vivre. Votre maman vous l'a probablement répété maintes et maintes fois. Et elle avait raison.

On comprend que pour un membre très populaire, il peut être difficile de répondre à tous les commentaires qu'il reçoit. On comprend qu'il est aussi possible qu'un commentaire ne commande pas nécessairement de réponse. Si c'est le cas, emmagasinez vos clins d'œil et vos sourires pour une prochaine fois. Mais lorsque c'est possible, donnez signe de vie. Vous ne le savez peut-être pas à ce moment, mais vous avez peut-être affaire au prochain grand réalisateur, rédacteur en chef ou premier ministre !

Chut ! C'est juste entre nous deux !

La messagerie directe, ou DM

DM est un acronyme pour Direct Message ou, si vous préférez, dans la langue de Molière, un message privé. Les DM fonctionnent exactement de la même façon qu'un message régulier, à l'exception que votre interlocuteur sera le seul à le voir. Par exemple, le DM est une excellente façon de transmettre à une jolie fille ou à un beau garçon votre béguin pour sa photo de profil, la drague en direct donnant des nausées à la plupart des utilisateurs (d'où l'expression fréquente *Get a room*). Les messages privés peuvent aussi se révéler très utiles lorsque vous avez un long échange avec un autre utilisateur et que vous ne voulez pas émettre trop de « bruit » sur le fil public.

Fait à noter, vous devez être abonné à un compte pour lui envoyer un message privé. Plusieurs abonnés font l'erreur d'envoyer des messages privés à un autre abonné qui ne pourra répondre autrement que sur le fil public. Soyez à l'affût.

Petit truc de pro : vous pouvez envoyer un message privé à un utilisateur en employant la lettre D devant le nom de celui-ci à partir de la fenêtre de l'application :

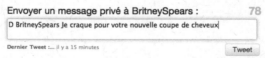

On ne garantit pas de réponse de la jeune chanteuse, par contre...

Propagez la bonne nouvelle

Le retweet, ou RT

Le retweet est une méthode pour relayer le message d'un utilisateur auquel vous êtes abonné à vos propres abonnés. On retweete un message parce qu'on le juge intéressant, amusant ou pertinent. Parce qu'il comporte une mention, l'utilisateur est immédiatement averti que vous avez partagé son message, ce qui constitue pour lui une forme de flatterie. Le RT permet aussi parfois de vous faire connaître auprès d'utilisateurs qui ignoraient jusque-là votre existence. Cette méthode permet enfin de regrouper des abonnés qui ont les mêmes goûts. Dans l'exemple suivant : RT @Madame : Ce site est vraiment magnifique http://123.com, vous reprenez le message original de l'abonné Madame et l'envoyez à vos abonnés. Sachez que l'utilisation de l'acronyme RT ou des mots « retweet » ou « retweeting » sont acceptés. Par contre, l'utilisation de l'abréviation RT permet de récupérer quelques précieux caractères. Pensez efficacité !

L'union fait la force

Le #hashtag

Communément appelé le dièse sur votre téléphone conventionnel ou mobile, le hashtag permet de regrouper des sujets sous une même appellation afin de suivre leur développement en temps réel, de faciliter leur recherche et de générer des tendances sur le réseau. Par exemple, lors de la Coupe du monde, l'utilisation du hashtag #worldcup permettait, entre autres, de suivre l'évolution des matchs.

L'utilisation du hashtag a été rendue populaire en 2007 par un pompier de San Diego qui voulait rassembler les tweets écrits à propos des feux de forêt dans sa région.

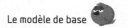

Fait intéressant, la communauté détourne parfois les hashtags pour s'amuser ou préciser sa pensée, comme dans l'exemple suivant :

Le journaliste culturel du quotidien montréalais *La Presse*, Marc Cassivi, est d'ailleurs devenu un maître incontesté du détournement de hashtags.

CHAPITRE 4

Les premiers pas

Les deux font la paire

Accueil *vs* profil

Lorsque vous vous connectez sur Twitter.com, vous aboutissez par défaut sur votre page d'accueil. Celle-ci regroupe tous les utilisateurs que vous suivez ainsi que leurs messages qui s'affichent en commençant par le plus récent. La page d'accueil n'est pas à confondre avec votre page de profil qui correspond, elle, à l'adresse Twitter.com suivie de votre nom d'utilisateur. Sur cette dernière, vous aurez accès à tous les messages que vous avez laissés sur le réseau, toujours de façon antéchronologique. Sachez qu'il ne vous est pas possible d'écrire un message à partir de votre page de profil.

Qui m'aime me suive

Trouver des abonnés

Contrairement à Facebook, les gens qui vous suivent sur Twitter ne sont pas nécessairement des amis. C'est pourquoi il est possible de suivre quelqu'un sur Twitter sans que cette même personne vous suive en retour. Ce n'est pas souhaitable (nous vous expliquerons pourquoi plus loin), mais c'est possible. Ici, pas d'amis mais plutôt des abonnés.

Un des premiers défis qui attendent le nouvel utilisateur qui débarque sur Twitter consiste à trouver des gens à suivre et des fils de nouvelles auxquels s'abonner. Il existe plusieurs façons de trouver des abonnés. Vous pouvez tout d'abord commencer par consulter les suggestions de Twitter : des abonnés de choix triés sur le volet, selon vos goûts, votre langue ou votre région géographique. Vous accéderez à ces suggestions dans la section «Trouver des gens» située tout en haut de la page des paramètres de Twitter. Une fois un nouvel abonné ajouté, tentez l'expérience d'aller voir les abonnés de ce dernier. Logiquement, si une personne vous intéresse, les abonnés de ce dernier devraient en faire tout autant. Il est aussi possible de rechercher le nom d'un utilisateur dans la zone «Chercher sur Twitter» ou encore de rechercher dans vos propres contacts de courrier électronique des gens déjà abonnés à Twitter.

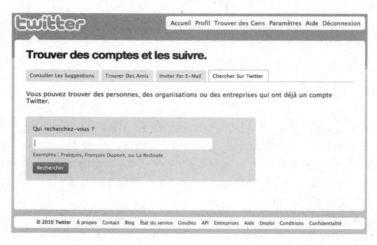

Comme à l'épicerie
Créer et gérer des listes d'abonnés

Vous trouvez difficile de suivre plus d'une centaine de personnes ? On vous comprend. À moins de posséder huit bras et douze hémisphères cérébraux (ce qui vous reléguerait au statut d'extraterrestre, au grand bonheur des *Men in Black*), il est impossible de suivre des milliers de personnes assidûment.

C'est pour cette raison que Twitter offre la possibilité de créer des listes d'abonnés. En plus de permettre de catégoriser nos abonnés (journalistes, vedettes, Top 100, etc.), Twitter rend possible le partage de ces listes avec les autres utilisateurs de la communauté. Si, pour des raisons professionnelles

ou personnelles, vous préférez garder une liste secrète, sachez qu'il est possible de le faire.

Il est très facile de créer des listes dans Twitter. Sur Twitter.com, cliquez sur «Listes» puis sur «Créer une liste». Donnez-lui un nom (Roger n'est pas suggéré) et indiquez à Twitter si cette liste doit être privée ou publique. Une fois la liste créée, vous n'avez plus qu'à y ajouter les abonnés de votre choix.

Il est ensuite possible d'ajouter un nouvel abonné dans une liste grâce au menu déroulant «Liste», sur la page d'accueil d'un abonné.

Pour s'abonner à une liste publique d'un utilisateur, cliquez sur celle-ci dans le menu «Liste» du profil de l'utilisateur et ensuite sur «S'abonner à cette liste». Vous suivrez ainsi tous les utilisateurs de cette liste, d'un simple clic.

Sachez qu'il est possible d'intégrer ces listes à même la plupart des logiciels d'interface Twitter, tels que TweetDeck, Seesmic ou HootSuite. Nous couvrirons ces outils un peu plus loin. De cette façon, la création, la modification, l'ajout et la suppression d'utilisateurs et de listes sont possibles, en deux temps, trois mouvements.

Maintenant que vous avez une kyrielle de listes comprenant une foule d'abonnés, il est drôlement plus facile de suivre un grand nombre de tweeteurs – des centaines, voire des milliers (mais pas des millions, c'est infaisable). Notez qu'en ce moment, en raison d'une limitation du réseau, il est impossible de créer plus de vingt listes contenant elles-mêmes un maximum de 500 abonnés.

Créer une nouvelle liste ×

Nom de la liste : Artistes

Lien de la liste : @patdion/artistes

Description : Ce sont les artistes québécois que j'affectionne.

En moins de 100, facultatif

Confidentialité : ⦿ **Publique** — Tout le monde peut s'abonner à cette liste.

○ **Privée** — Vous êtes le seul à pouvoir accéder à cette liste

Créer la liste

artistes
Ce sont les artistes québécois que j'affectionne.

Vous avez créé cette liste
Modifier | Supprimer

✓ Vous avez créé cette liste

Trouver des personnes à ajouter à votre liste :

Chercher

Rechercher un nom d'utilisateur, nom ou prénom, enseigne ou marque

Vous pouvez également ajouter d'autres personnes depuis votre page des abonnements ou depuis n'importe quelle page de profil.

Tweets

Abonnements 0

Abonnés 0

Sherlock Holmes n'a qu'à bien se tenir

La recherche

L'une des plus belles et des plus puissantes fonctionnalités de Twitter est sans contredit la recherche. Vous désirez savoir ce qui se dit, en temps réel, sur tel ou tel sujet, de la mode masculine en Ouganda à la diète hivernale des kangourous? La recherche Twitter est là pour vous aider.

Il y a plusieurs façons de procéder pour obtenir des résultats de recherche efficaces. Tout d'abord, vous trouverez une boîte de recherche peu importe où vous vous trouvez sur le site de Twitter. Elle n'est pas trop difficile à repérer, il est écrit «Rechercher» à l'intérieur et elle se retrouve dans le haut de la page. Tapez les termes de votre recherche, et le tour est joué! Twitter affichera en direct les résultats et mettra même à jour automatiquement tous les nouveaux messages comportant vos termes de recherche. Il est même possible de sauvegarder cette recherche pour une utilisation ultérieure. Ces recherches sauvegardées apparaîtront dans le menu déroulant de votre page d'accueil. Le nombre de ces recherches est par contre limité à dix. La recherche par Twitter est extrêmement efficace, rapide et complète. La plupart des logiciels d'interface offrent aussi une fonction de recherche intégrée. Nous parlerons de ces outils un peu plus loin.

Du sérieux!

La recherche avancée

Comme si la recherche standard de Twitter n'était pas assez complète, la recherche avancée vous en mettra plein la vue. Accessible à l'adresse http://search.twitter.com, elle est probablement le secret le mieux gardé de Twitter. Vous pouvez y faire des recherches en spécifiant une foule de paramètres, tels que les mots exclus, la langue utilisée, des dates spécifiques, des lieux géographiques, etc.

Il est possible de faire sensiblement les mêmes recherches directement dans la zone de recherche régulière du twitter.com, en utilisant une série d'opérateurs de recherche (mots-clés). Vous pouvez en apprendre plus sur tous les opérateurs ainsi que leur fonctionnement à l'adresse suivante: http://search.twitter.com/operators. Voici quelques exemples.

- **Filter:links.** Il permet de chercher seulement les messages qui contiennent un hyperlien.

- **From.** Immédiatement après un pseudonyme, cet opérateur permet de trouver les tweets de cet utilisateur ; par exemple, from : dominicarpin retournera les messages envoyés par l'utilisateur dominicarpin.

- **Near.** Il permet de trouver des tweets près d'un lieu donné ; par exemple, near : montreal.

- **OR.** En lettres majuscules, il permet de chercher parmi une sélection de mots.

- **Since.** Il permet de trouver des tweets par date, donc d'aller à la source d'un sujet (sinon, Twitter renvoie les résultats en commençant par les plus récents) ; par exemple, since: aaaa-mm-jj.

- **To.** Immédiatement après un pseudonyme, il permet de trouver tous les tweets qui ont été adressés à cet utilisateur (on doit lui être abonné) ; par exemple, to : patdion retournera les messages envoyés à patdion.

- **Within.** Il permet de préciser le rayon autour d'un lieu donné ; par exemple, near : montreal within :50 km.

Notez qu'il existe aussi un plugiciel (*plug-in*) qui vient insérer une zone de recherche avancée directement dans votre navigateur. Pour l'installer, vous devez cliquer sur le lien « Install search plugin » qui se trouve dans le coin inférieur droit de la page de recherche avancée.

À l'automne 2009, Google et Twitter signaient un accord de partenariat qui permettait au géant derrière l'engin de recherche le plus utilisé de la planète d'afficher les messages en provenance de Twitter dans les pages de résultats des internautes. Puis vint la recherche en temps réel qui permettait, comme son nom l'indique, des résultats immédiats de l'engin de recherche sans délai d'attente causé par les robots d'indexation. Un robot d'indexation est un petit logiciel qui recense les différents sites à une fréquence donnée (habituellement hebdomadaire) afin de déceler ce qui est nouveau sur le Web (imaginez qu'Internet est votre maison et qu'un petit aspirateur robotisé parcourt toutes les pièces dans leurs moindres recoins à la recherche des nouvelles poussières accumulées. Une fois trouvées, ces poussières sont analysées pour savoir tout ce que contient le sac [Google]).

En avril 2010, Google et Twitter poussaient leur entente un peu plus loin en promettant aux internautes d'inclure les archives de Twitter depuis ses premiers balbutiements. Google vient donc donner un sérieux coup de pouce à la plate-forme de microblogues pour quiconque aimerait retracer, par exemple, ce qui s'est dit sur le réseau au fil du temps sur un sujet donné.

Sachant que Buzz (la plate-forme de micromessages de Google) a maintenant intégré Twitter dans son interface, on peut se demander jusqu'où les deux géants iront en gambadant main dans la main dans les prés du Web.

Je suis le roi du monde !
À la une
Située dans la section de droite et uniquement accessible par Twitter.com, la rubrique «Tendances» présente les dix sujets les plus chauds de l'heure, en temps réel. En compilant les retweets, les différentes recherches et les hashtags les plus utilisés, Twitter regroupe pour ses membres les sujets qui font le plus jaser dans la twittosphère.

En suivant le lien «Changer», il est possible, d'un simple clic, d'obtenir les tendances pour différents pays, dont le Canada. Par exemple, l'émission-phare de Radio-Canada, *Tout le monde en parle*, qui utilise le hashtag #TLMEP se trouve fréquemment à la une des tendances, le dimanche soir.

On y découvre aussi les tendances pour certaines grandes villes américaines. Twitter travaille en ce moment à inclure plusieurs autres grandes villes du monde. Parions que ce n'est qu'une question de temps avant que la vôtre s'y trouve. Attention, c'est chaud !

Fashionistas
Les modes et les tendances
Nous l'avons vu précédemment, les hashtags sont devenus, au fil du temps, une façon de s'amuser avec les mots et de faciliter la recherche de certains sujets. Les mêmes hashtags sont aussi à l'origine de certaines

tendances Twitter, dont deux incontournables : les #FollowFriday (#FF) et les #jeudiconfession.

La première, comme son nom l'indique, se déroule le vendredi. Les utilisateurs présentent à la communauté leurs coups de cœur et leurs suggestions d'abonnés, ceux qui, selon eux, valent le coup d'être suivis. Un #FF pourra ressembler un peu à ceci :

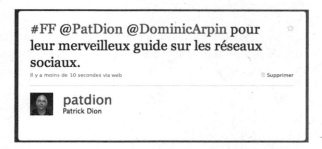

Ce genre de tendance démontre l'importance de bien partager avec la communauté puisque plus vous échangerez avec un membre, plus celui-ci voudra vous « vendre » auprès de ses abonnés.

Le #jeudiconfession, à l'opposé du #FollowFriday qui est une tendance globale et très répandue, est d'origine québécoise et plutôt restreinte à la province. C'est le tweeteur Simon Villeneuve, un développeur Web de la région de Montréal, qui en est à l'origine. Voici le premier #jeudiconfession de tous les temps :

Le #jeudiconfession, vous l'aurez compris, se déroule pour sa part le jeudi. Les membres s'amusent à partager des confessions diverses, la plupart du temps légères et amusantes, mais parfois aussi plus troublantes.

Grâce aux hashtags, nous pouvons donc tout autant nous amuser que faire d'incroyables découvertes. Depuis l'avènement du #jeudiconfession, nombreux sont ceux qui ont tenté de démarrer une nouvelle mode Twitter : le #mercredimerci en est un bon exemple.

Au pays de l'oncle Sam, soulignons les #MusicMonday où, chaque lundi, les membres de la communauté partagent leurs secrets musicaux bien gardés. Une façon de faire de fantastiques découvertes musicales.

Serez-vous le prochain à lancer la tendance de l'heure ?

Quand la télé s'en mêle

L'échange en direct durant les événements

Ce fut tout d'abord un phénomène plutôt marginal. Mais aujourd'hui, tweeter, durant certains événements, est devenu un véritable rendez-vous pour la communauté. Grâce aux désormais célèbres hashtags, il est aisé de suivre des conversations durant des émissions de télévision, des galas ou des événements culturels ou sportifs de toutes sortes.

De mémoire, la communauté québécoise a commencé à tweeter en direct le dimanche soir lors de l'émission *Tout le monde en parle*, à Radio-Canada (#TLMEP). À la suite du succès en ligne de l'émission, un compte @off_TLMEP, alimenté par les recherchistes de l'équipe, a même été créé. Mais avec la venue de Guy A. Lepage sur la plate-forme, le phénomène a pris une tout autre tangente. En effet, l'animateur s'est mis à faire des commentaires en direct durant la diffusion de son émission en apportant des renseignements complémentaires aux entrevues : vin présenté, notes de tournage, commentaires personnels supplémentaires, etc.

Devant l'engouement suscité par cette démarche, une foule d'autres émissions et d'événements ont emboîté le pas : *C'est juste de la TV*, une émission de la chaîne ARTV (#CJDLTV), le *Gala Artis* (#Artis), le *Gala des César* en France (#Cesar) ou les matchs du club de hockey Canadien de

Montréal (#CH) ont surfé sur la vague et sont devenus du même coup des tendances principales sur Twitter durant la diffusion des émissions. Le Québec s'est même trouvé un porte-parole du Canadien de Montréal en la personne du député Denis Coderre. Le coloré politicien a pris l'habitude de commenter les matchs du Tricolore en direct sur Twitter. Il a aussi analysé ceux de la Coupe du monde de football, en juin 2010 (#Worldcup), tout comme le journaliste Marc Cassivi. Cette manifestation sportive a d'ailleurs fait exploser le trafic sur Twitter, cette même année, provoquant du même coup des pannes de serveur de façon récurrente. Un gros événement à l'échelle mondiale qui a su mettre à rude épreuve les nerfs de la communauté et ceux de l'entreprise.

Mais on ne tweete pas que durant des émissions de télévision. Des événements plus corporatifs, comme le Webcom Montréal (#WebcomMT), les rencontres Infopresse (#RDVMEDIA) ou encore le Twestival Montréal (#TwestivalMTL) se sont également dotés d'un hashtag permettant à la communauté de suivre en direct les commentaires des membres de la communauté présents.

Pas de trolls dans mon jardin

Bloquer des utilisateurs

Parce qu'Internet est une fabuleuse contrée où la liberté d'expression gambade allégrement, parce qu'il est possible de permettre à des habitants d'un pays comme l'Iran de s'exprimer et de manifester hors du joug d'un gouvernement qui les bâillonne, parce que Monsieur et Madame Tout-le-monde a aussi la possibilité d'émettre sa vérité sans contrainte, il arrive que des personnes dépassent certaines bornes du bon goût et de la bonne entente. On se heurte souvent, dans toutes les sphères de la société, à ces gens qui ne veulent au fond que semer la zizanie ou, comme on le dit si bien au Québec, «brasser de la marde». Il y en a qui feraient n'importe quoi pour que l'on braque les projecteurs sur eux, et l'une des façons les plus faciles d'y arriver est de le faire par l'intermédiaire des blogues et des médias sociaux.

Ce genre d'individu virtuel a un nom bien réel : un troll. Et on ne parle pas ici de ces petits bonhommes issus de la mythologie nordique. Ces êtres provocateurs qui aiment semer la polémique sur le Web sont monnaie courante sur les réseaux sociaux. Et il n'y a pas mille façons de s'en débarrasser. Un des moyens de gérer ces indésirables est de les ignorer complètement, ce qui n'est pas facile puisque les mentions sont visibles sur le fil public. Par chance, Twitter offre une option de blocage d'utilisateurs ennuyeux. Pour bloquer un abonné, cliquez sur le lien «Bloquer» dans la liste déroulante du profil de l'abonné. De cette façon, il ne pourra plus vous suivre et ne sera pas en mesure de vous envoyer des messages. Une façon radicale mais efficace d'avoir la paix.

Satanée pollution !

Les polluposteurs

Twitter n'est pas votre boîte de courriel. Et pourtant, les polluposteurs indésirables sont monnaie courante sur le réseau. Vous ne le savez peut-être pas (vous devez quand même vous en douter), mais pour les *spammeurs*, vous êtes un portefeuille ambulant. On veut tout vous vendre. Rien de nouveau sous le soleil.

Mais sur Twitter, contrairement à votre boîte de réception, on ne tentera pas de vous arnaquer avec des imitations de montre Rolex, des potions à faire augmenter vos attributs masculins ou des médicaments douteux à des prix dérisoires. Du moins, pas encore. Mais les différentes formes de sollicitation sur Twitter sont tout aussi déplaisantes que celles que vous trouvez dans votre boîte de courriel. Elles revêtent souvent la forme de jolies demoiselles qui veulent vous parler dans une langue étrangère. Un des avantages de vivre dans une contrée majoritairement francophone est qu'on voit venir ces imposteurs à des kilomètres. En conséquence, si vous recevez un message en anglais d'une inconnue vous disant : «*Hi ! I am lonesome tonight.*» («Salut, je m'ennuie ce soir.»), posez-vous tout de suite des questions.

Tout juste sous le lien pour bloquer un utilisateur s'en trouve un autre pour signaler à Twitter un compte de polluposteur. Ce processus, en plus de bloquer l'abonné à votre fil de messages et de l'empêcher de vous contacter, enverra automatiquement un message aux administrateurs de Twitter afin qu'ils enquêtent sur le compte et le suppriment, le cas échéant. Toute forme de sollicitation est interdite sur Twitter. Et ils prennent la chose au

sérieux. Si nos gouvernements pouvaient être aussi efficaces avec les pollueurs environnementaux…

« Danger ! Danger ! »

Les robots

« Danger ! Danger ! » criait Robot dans l'émission *Perdus dans l'espace* (on vient de perdre ici tous ceux qui sont nés après 1980). Le robot de cette série culte avertissait ses amis d'un danger potentiel avec cette phrase désormais célèbre. Mais les robots que l'on croise sur Twitter sont loin d'être aussi sympathiques.

En fait, les robots, mieux connus sous le nom de *bot* (prononcez « botte »), sont des logiciels qui saisissent au passage certains termes utilisés dans un message et renvoient à son expéditeur une réponse automatique, la plupart du temps pour lui vendre des trucs. Par exemple, si vous écrivez un message comme « J'adore mon nouveau Mac », il y a de fortes chances qu'un robot saisisse le mot « Mac » en passant, le décode comme un produit Apple et crée une mention qui ressemble à ceci : « @Pat Dion Obtenez un MacBook en solde au http ://macbookenspécial.com. »

Ces robots retournent souvent des réponses en anglais. C'est encore une fois un avantage indéniable de ne pas habiter un pays anglophone. Mais grâce à la fonction de blocage de Twitter, dont nous vous avons expliqué les grandes lignes précédemment, vous pouvez empêcher ces indésirables de vous contacter de nouveau. À moins que vous ne soyez nostalgique des émissions à décor de carton-pâte des années 70.

À l'aide !

Les outils de gestion

Si vous lisez ce guide depuis le début, vous vous êtes probablement aperçu que nous ne jurons que par les logiciels d'interface pour gérer l'abondance d'informations que l'on trouve sur Twitter. Sans ces outils, Twitter ressemble à un gros plat de spaghettis collants dont chaque brin se tord et part dans tous les sens, s'emmêlant avec d'autres et formant une seule et grosse boule d'informations.

Malgré sa deuxième mouture qui est un pas dans la bonne direction, le site Web de Twitter n'est pas un modèle d'ergonomie et de fiabilité. Des outils comme TweetDeck et Seesmic, en plus d'offrir l'automatisation d'une foule de fonctions (le raccourcissement d'URL, l'insertion et la lecture de vidéos), permettent de voir en un seul coup d'œil qui dit quoi, de façon claire et chronologique. Ces logiciels proposent aussi de suivre certaines discussions et hashtags de façon simple et conviviale. Voici quelques-uns des plus populaires.

- **TweetDeck.** Application favorite de l'un de vos hôtes, TweetDeck est un logiciel d'origine anglaise qui fonctionne grâce à la plate-forme AIR de la firme Adobe, qui permet de développer des applications Internet riches et facilement compatibles pour les programmeurs Web. Vous devrez donc installer cette dernière avant TweetDeck. On aime de l'application son interface ergonomique et claire, ses multiples fonctions intégrées (raccourcissement d'URL, photos, vidéos, listes, mises à jour programmées, etc.), les possibilités de paramétrage avancé, la synchronisation de votre compte entre les différentes plates-formes offertes et la déclinaison de versions pour Windows, MacOS, Linux, iPhone et iPad. Notez que TweetDeck intègre les fonctionnalités de plusieurs autres réseaux sociaux dont Facebook, LinkedIn, MySpace, Foursquare et Google Buzz (la plate-forme de microblogues de Google).

- **HootSuite.** Une autre application favorite de l'un de vos hôtes, HootSuite est une plate-forme Web qui fonctionne avec les plus populaires navigateurs. Il intègre aussi tous les outils mentionnés précédemment dans sa longue liste de spécifications. Il est le plus «professionnel» des logiciels Twitter parce qu'il permet d'obtenir certaines statistiques d'utilisation. Là où HootSuite se démarque également des autres, c'est qu'il offre la possibilité de publier un message sur un blogue WordPress.com, directement du tableau de bord. Il permet en plus la consultation de commentaires des pages et des profils Facebook et regroupe également les conversations Twitter (les échanges entre deux utilisateurs).

- **Seesmic.** Seesmic est une création du développeur français Loïc Le Meur et est facilement reconnaissable à son rigolo avatar de raton laveur. Seesmic fonctionne grâce à la plate-forme Silverlight de Microsoft. Là où

Seesmic peut se démarquer, c'est par le pendant de l'application princi-pale appelée Seesmic Look, qui confère au phénomène Twitter une ap-proche différente pour le grand public en organisant le flux de messages dans un habillage graphique particulier et différent. Grâce à Look, les informations sont regroupées et classées par thèmes, ce qui peut rappeler l'interface d'une chaîne de télé, par exemple. Multiplate-forme, elle est offerte en version Windows, MacOS, Web, iPhone, BlackBerry et Androïd. Fait à noter, Seesmic intègre également les fonctionnalités pour Google Buzz.

- **Echofon.** Précédemment appelé TwitterFox et contrairement aux appli-cations HootSuite et Seesmic, Echofon est surtout connu pour être un plugiciel (*plug-in*) du navigateur Web FireFox. Ce dernier devra donc être installé avant l'intégration d'Echofon. Les avantages d'une telle applica-tion sont, entre autres, qu'elle est très légère (elle utilise du coup moins de ressources système) et qu'elle prend peu d'espace physique sur votre écran, ce qui permet de naviguer sur le Web et de garder à la fois un œil sur vos tweets. L'inconvénient d'une telle interface est par contre que la fenêtre d'application, en plus d'être petite pour lire les messages, offre peu de fonctionnalités comparativement à ses compétiteurs.

- **Tweetie.** Tweetie est une autre application qui combine plusieurs fonc-tionnalités des applications précédentes. Nous avons voulu relever cette dernière parce qu'en mai 2010 Twitter acquérait Tweetie dans le but de créer la première application officielle Twitter. La version pour iPhone est particulièrement intéressante.

Être partout à la fois

Gérer de multiples comptes

L'ubiquité... Ce n'est pas toujours facile de se prendre pour Dieu. Mais l'utilisation des logiciels d'interface permet aussi un truc pas mal génial : gérer plus d'un compte à la fois, dans la même fenêtre. Parce que ces logi-ciels utilisent un affichage en colonnes, les messages de vos différents comptes apparaîtront tout simplement sous la forme d'une nouvelle co-lonne. Certaines de ces applications permettent même de gérer plusieurs comptes Facebook, toujours dans la même fenêtre. Mais pourquoi posséder plusieurs comptes ? demandez-vous. C'est simple : une entreprise peut demander à un de ses employés de gérer, par exemple, le compte de celle-ci. Ce même employé voudra certainement garder à la fois un pied bien ancré dans son propre compte, question de ne pas passer sans cesse d'une fenêtre d'application à une autre. D'autres entreprises peuvent aussi posséder plusieurs comptes. Le réseau Canoë, par exemple, nourrit quotidiennement des comptes dans différentes catégories d'actualités : sport, techno, nouvelles, etc. Mais il ne faut pas s'y méprendre, bien que la communauté suive certaines entreprises, la tendance est à reconnaître l'individu qui se trouve derrière. Il est donc encore une fois primordial d'échanger avec le reste de la communauté, sinon votre discours d'incursion en affaires sur la plate-forme tombera dans l'oreille d'un tweeteur sourd.

La mienne est plus grande que la tienne

Raccourcissement d'URL, TweetShrink et TwitLonger

Tweeter offre de multiples avantages (l'instantanéité, la spontanéité, etc.) mais comporte malheureusement aussi quelques désavantages (ce que c'est court, 140 caractères !). En effet, chaque caractère compte, qu'il soit une lettre, un chiffre ou une espace. Tous les caractères d'une adresse (URL) comptent aussi.

Ce qui nous amène à vous parler de TweetShrink, de TwitLonger et de raccourcissement d'URL. Le premier est un service de compression de mots. Dans un tweetshrink, cette phrase pourrait bien ressembler à ceci : *Ds un twtshrk, ctt phrse pourrt bn rssmblr a cci*. Le problème avec les services de compression de messages est qu'ils utilisent pour la plupart des dictionnaires anglophones, ce qui fait que le résultat final est très souvent illisible en français. Il vaut mieux, si vous désirez notre avis (et vous le désirez, vous avez bien acheté ce guide), reformuler votre message afin qu'il comporte moins de 140 caractères.

À l'opposé, les services de type TwitLonger (http://twitlonger.com) permettent d'écrire un message sur un site tiers lorsque le nombre de caractères dépasse les 140 alloués. Vous n'aurez à ce moment qu'à y inscrire le lien associé qui dirigera vos abonnés vers le site où le message complet est affiché. À notre avis, cela va un peu à l'opposé même de la

mentalité Twitter. Mais s'il vous est absolument impossible de reformuler votre message en moins de 140 caractères, sachez que ce service est offert.

Il existe aussi des services de raccourcissement d'URL qui peuvent s'avérer très utiles pour de multiples raisons. Vous le savez, certains liens sont parfois interminables. Combien de fois en avez-vous croisé un qui ressemble à ceci : http://www.voicilelienquejeveuxvouscommuniquer.com/ilesttreslong/maiscenestpasgrave/jesperequandmemeavoirassezdeplace. Dans Twitter, cette adresse occuperait 118 caractères sur 140. De quoi vous donner un mal de tête si vous souhaitez ajouter un commentaire.

Pour raccourcir une URL, vous devrez aller la transformer dans un site de raccourcissement comme Bit.ly, TinyURL ou TwURL. Certains de ces services permettent aussi de conserver un historique de vos liens et même d'en avoir des statistiques, par exemple le nombre de clics. Une belle façon de savoir laquelle de vos trouvailles génère le plus de trafic. Par contre, pour ceux d'entre vous qui avez déjà compris à quel point il est simple et intelligent d'utiliser les logiciels d'interface, sachez que ces derniers convertiront vos adresses trop longues automatiquement. Tout ce que vous aurez à faire sera de coller le lien en question dans la fenêtre de message, et le tour sera joué. Quant au twitter.com, il intègre depuis septembre 2010 un service de raccourcissement d'URL, le http://t.co.

Je suis une star !

Insérer de la photo et de la vidéo

Grâce à des services d'hébergement tels que TwitPic, Yfrog ou TwitVid, il est possible d'insérer de la photo et de la vidéo sur Twitter.

Vous devrez d'abord vous créer un compte sur ces sites et y téléverser vos œuvres. Une fois cette étape franchie, le site vous fournira un lien que vous n'aurez qu'à copier dans la fenêtre de message de Twitter, accompagné d'un commentaire. Une fois encore, la plupart des tableaux de bord (TweetDeck, HootSuite, Seesmic) permettent le téléversement et l'affichage de photos et de vidéos à même l'application.

Il est même possible de tweeter de la vidéo en direct grâce à des sites comme Ustream et QIK. Ajoutez à cela un téléphone intelligent relié à Internet, et vous avez tous les outils pour devenir un journaliste mobile.

Du .com pour tout le monde

Des adresses utiles

La popularité de Twitter ne cessant de grandir, une multitude de sites et d'outils se sont développés autour de sa base de données. Certains sont pratiques, d'autres carrément inutiles. Tous sont par contre très volatils. Comme la technologie se développe rapidement et que les logiciels d'interface incluent de plus en plus certaines de ces fonctions, ces sites vont et viennent, changent de nom ou disparaissent mystérieusement, parfois seulement quelques semaines après leur mise en ligne. Il se pourrait même que certains d'entre eux se soient volatilisés entre la rédaction de ces lignes et l'impression de ce guide. Bienvenue dans le triangle des Bermudes Twitter !

- **Bettween.com.** Site permettant, entre autres, de suivre une discussion entre deux tweeteurs.

- **Foller.me.** Outil de statistiques diverses.

- **Friendorfollow.com.** Site permettant de savoir qui de vos abonnés ne vous suit pas en retour. Pratique contre les twittersnobs.

- **Hellotxt.com.** Un autre service pour mettre à jour plusieurs réseaux sociaux en un seul clic.

- **Listorious.com.** Outils de recherche selon des régions, des professions ou des sujets donnés.

- **Monitter.com.** Un autre service Web qui permet de connaître ce qui se dit sur la twittosphère par l'intermédiaire de certains mots-clés, en temps réel. Simple et efficace, Monitter s'approche de ce que Twitter offre en matière de recherche, mais en plus convivial. Ce site Web affiche une fenêtre principale séparée en trois colonnes distinctes qui surveillent en temps réel trois différents mots-clés ou expressions. Cette fenêtre se rafraîchit automatiquement, ce qui permet de ne rien manquer de ce qui *buzze* sur la planète Twitter.

- **Mrtweet.com.** Site de suggestions pour trouver des tweeteurs selon vos goûts et intérêts.

- **Peoplebrowsr.com.** Site regroupant une foule d'outils de mesures et de statistiques.

- **Ping.fm.** Service pour mettre à jour plusieurs réseaux sociaux en un seul clic.

- **Tweetmeme.com.** Site regroupant les sujets les plus retweetés.

- **Tweetvalue.com.** Site amusant servant à évaluer la valeur marchande de votre compte Twitter.

- **Twitaholic.com.** Site regroupant les tweeteurs les plus populaires, par nombre d'abonnés.

- **Twitteranalyser.com.** Outil avancé et complet de mesures et de statistiques diverses.

- **Twittervision.com.** Site offrant des tweets en temps réel, regroupés sur une carte géographique.

- **Twittorati.com.** L'outil Web Technorati fonctionne sur un principe similaire de mots-clés, à l'exception que ce dernier s'adresse d'abord et avant tout à la grande communauté des blogueurs; y sont listés les plus influents et les plus pertinents d'Internet. À l'instar de Technorati, Twittorati dirige les internautes vers les comptes les plus influents de la twittosphère.

- **Twopcharts.com.** Site de classement de tweeteurs francophones.

- **Wefollow.com.** Annuaire de tweeteurs classés par catégories.

Jouez au programmeur

Les widgets

Différents outils existent également pour intégrer vos messages Twitter à votre blogue WordPress, Blogger ou autres. Le mot «widget» est la contraction des termes «Windows» et «gadget». Ce sont de petits bouts de codes qui permettent l'affichage de composants d'interfaces graphiques propres à certains sites, comme Twitter, Facebook, MySpace, etc. Avant de sonner tambours et trompettes sur la possibilité d'intégrer une telle technologie à votre blogue, vous devez d'abord vous demander s'il est utile de recourir à un tel gadget. Certes, il peut agrémenter de belle façon l'interface de votre blogue; la portion graphique d'un tel outil est non négligeable. Mais la question que vous devriez tout d'abord vous poser est la suivante : est-ce que ça apporte vraiment quelque chose? Bien que vous ayez envie de partager vos statuts Facebook, vos messages Twitter, bref, vos états d'âme, vos pensées et vos idées au reste de la planète, quel internaute se stationnera réellement sur votre blogue une journée durant? Par contre, ils peuvent devenir un lien intéressant vers votre compte Twitter.

Le widget Facebook permet, quant à lui, l'affichage de vos statuts. L'idée de bloguer vos meilleurs tweets de la journée ou de la semaine peut s'avérer elle aussi excellente. Nous reparlerons de la pertinence des blogues un peu plus loin.

Savoir mélanger les choses
L'intégration des différents réseaux

Pour simplifier la vie des utilisateurs face à la pléthore de réseaux sociaux disponibles, il est possible de lier vos différents comptes entre eux. Il existe plusieurs façons de mettre vos communautés Web à jour simultanément.

Par exemple, vos messages Twitter peuvent être envoyés sur votre page Facebook, nourrissant du même coup vos statuts. L'installation de l'application TweetDeck sur Facebook (http://www.facebook.com/GoTweetDeck) permet cette liaison. Grâce à cet outil, tous vos messages Twitter s'afficheront sur votre profil Facebook.

Une autre application Facebook nommée Selective Tweets (http://www.facebook.com/selectivetwitter) permet de sélectionner les messages Twitter que vous voulez afficher sur votre profil Facebook. Une façon efficace de ne pas noyer votre mur Facebook sous une tonne de messages. Une fois cette application installée, vous n'aurez qu'à ajouter le suffixe #fb à la fin de vos messages pour qu'ils s'affichent dans vos statuts.

LinkedIn, le réseau social pour les gens d'affaires, peut également être mis à jour par l'intermédiaire de la plate-forme Twitter. La plupart des tableaux de bord permettent cette intégration de façon plutôt transparente. Il suffit d'insérer le suffixe #in à la fin de votre message Twitter pour que celui-ci apparaisse sur votre page LinkedIn.

Un nouveau venu dans la gamme sans cesse croissante de réseaux sociaux est Foursquare. Foursquare? Quatre carrés? vous demandez-vous. Quatre points cardinaux, peut-être. Foursquare utilise les toutes dernières technologies de géolocalisation des téléphones intelligents. Ce réseau social, combiné à un jeu où les internautes doivent débloquer des badges et devenir le «maire» d'un endroit en le fréquentant le plus souvent possible, permet à vos amis et à vos abonnés de vous suivre géographiquement, peu importe l'endroit où vous vous trouvez sur la planète. Il est possible d'afficher vos statuts dans Twitter en temps réel. Les messages envoyés par Foursquare indiquent alors à vos abonnés où vous vous trouvez. L'expérience peut sembler inutile de prime abord. Bien qu'un message Twitter du type «Patrick est à l'épicerie» n'apporte rien en partage et en discussion, il ne faut pas penser que le principe de Foursquare est inintéressant pour autant. Nous reparlerons de géolocalisation un peu plus loin; vous risquez bien de changer d'idée sur la pertinence d'une telle plate-forme. Bien que tout nouveau, ce réseau social compte déjà (juillet 2010) plus de 2 millions d'utilisateurs. Parions qu'on n'a pas fini d'en entendre parler.

YouTube, le portail vidéo du géant Google, permet également une intégration entre vos différents comptes, Facebook ou Twitter. Lorsque vous notez, mettez en favori ou téléversez une vidéo sur le portail, un message est automatiquement envoyé à tous vos abonnés. Plus moyen de vous cacher.

Mais est-ce une bonne idée? Jouons un peu à l'avocat du diable. Bien que l'intégration permette une gestion efficace de plusieurs comptes à la fois, il est bon de garder en tête que nous ne nous adressons pas nécessairement à la même clientèle. Le réseau LinkedIn et nos abonnés professionnels, Facebook et nos amis plus proches, Twitter et notre multitude d'abonnés éclectiques sont composés de gens différents qui n'ont pas nécessairement les mêmes goûts. Il est donc important d'ajuster notre discours selon notre auditoire.

De plus, il est fréquent de publier des dizaines de messages par jour sur Twitter. Il est essentiel que vous vous demandiez si vous ne noierez pas vos amis sur Facebook sous de multiples messages Twitter qui possèdent, avouons-le, une apparence un peu rébarbative : RT @DominicArpin #FF @PatDion Merci pour http://bit.ly/machin #asuivre n'est pas nécessairement un exemple de clarté pour le commun des membres de la communauté Facebook.

Et qu'en est-il de l'utilisation de Facebook pour envoyer vos statuts sur Twitter qui, lui, renvoie par la suite vos abonnés à votre page Facebook qui, elle, les renvoie au lien que vous désirez partager ? C'est aussi clair que cette dernière phrase, n'est-ce pas ? Si ce n'est pas de tourner un peu en rond, on se demande bien ce qui l'est ! À l'ère du Web social, où chaque clic de souris est compté et important, il est éreintant pour les internautes d'avoir à suivre trois ou quatre liens pour se rendre à destination virtuelle.

Quant à Foursquare, et comme nous l'avons mentionné précédemment, vos abonnés Twitter n'ont peut-être pas envie de savoir que vous vous trouvez à la station de métro Berri-UQÀM, dans une soirée Tupperware, dans un club de danseuses nues, ou que vous êtes devenu le maire du réseau TVA.

Avant d'imbriquer vos réseaux sociaux les uns dans les autres, demandez-vous si vous ne monterez justement pas un mur entre vous et vos abonnés.

Twitter en version mobile

L'ère des téléphones intelligents

L'idée à la base de Twitter provient donc des SMS, le système de messagerie des téléphones cellulaires. Il était probablement clair à l'esprit des développeurs que la plate-forme s'adapterait aux différentes technologies cellulaires et grandirait avec celles-ci. En grande partie en raison des limitations des appareils (deux ou trois lignes de texte sur un fond monochrome, ce n'est rien pour crier au génie), les premiers messages ressemblaient en tous points à ceux des SMS. Avec la percée fulgurante des téléphones intelligents, ils se sont vus bonifiés d'une foule de trucs. Il n'est pas loin le temps où la majorité de la population brandira fièrement son appareil téléphone-caméra-Web-jeux-d'arcade-four-micro-ondes.

Les téléphones intelligents comme les iPhone d'Apple, les Androïd de Google ou les BlackBerry de RIM permettent, en plus de téléphoner (quelqu'un utilise encore cette fonction?), de prendre des photos, de tourner de la vidéo, de prendre ses courriels, de naviguer sur Internet, de se géopositionner et, bien sûr, de tweeter.

Mais pourquoi diantre voudriez-vous tweeter à tout moment de la journée? demandez-vous. Pourquoi pas? Bien sûr, vous n'êtes pas obligé de tweeter le moindre de vos pas. Mais Twitter permet, d'une façon rapide, de joindre le maximum de vos amis lors de vos déplacements. Vous cherchez des compatriotes pour aller luncher? Twitter est là. Vous désirez exprimer votre coup de cœur pour le gâteau aux carottes du restaurant du coin? Twitter est là aussi. Vous prenez une photo d'un événement et voulez la partager avec les gens qui n'y ont pas accès? Et vlan! Vous êtes un journaliste mobile ou un citoyen numérique et vous désirez faire un reportage en direct tout en joignant le maximum de personnes dans votre communauté? Imaginez la scène. Vous marchez nonchalamment dans la rue lorsque survient un incident majeur. Vous dégainez votre téléphone et tournez votre reportage, en direct, que vous retransmettez à tous vos abonnés Twitter. Si vous êtes chanceux, vous pourrez peut-être même vendre vos images aux grandes chaînes ou, accessoirement, les suggérer à l'émission *Vlog*, à TVA, pour la postérité...

Bien que la plupart des téléphones intelligents possèdent les logiciels nécessaires pour prendre des photos et de la vidéo, sachez que vous aurez besoin d'un logiciel tel que Ustream ou Qik pour être en mesure de diffuser de la vidéo en direct. Voilà à quoi sert le grand réseau en formule mobilité.

CHAPITRE 5

Le pourquoi du comment

Youhou ! Je suis ici !

Se faire connaître

Maintenant que vous êtes abonné à certains comptes, il est temps de commencer à échanger avec la communauté et de parler à vos abonnés. Contrairement à la croyance populaire, Twitter n'est pas nécessairement l'endroit où vous devez partager ce que vous venez de manger ou vos déplacements aux toilettes. Au contraire, parlez des choses qui vous intéressent, suggérez à la communauté les liens que vous visitez sur la Toile et qui valent le détour.

Être soi-même

Partager ce qu'on aime

Vous serez parfois tenté de publier des liens dans le but de plaire à la communauté. Ce n'est pas une mauvaise idée. Mais nous vous suggérons de partager, d'abord et avant tout, des choses que *vous* aimez personnellement. Twitter est une immense communauté, on y trouve autant de gens différents qu'en société. Vous serez parfois étonné de constater qu'il y a des abonnés qui aiment des choses aussi étranges que vous (ce n'est pas vous qui êtes étrange) : l'exode des chauves-souris à poils roses équatoriales, le traitement de la perte des cheveux par le frottement de boules disco ou l'écriture humoristique médiévale en temps de crise nucléaire, par exemple. Bien sûr, ces sujets n'existent pas, mais si c'était le cas, ils feraient assurément des adeptes sur la plate-forme.

Comme dans la vie réelle, on trouve de tout sur Twitter. Vous serez surpris de l'engouement que pourra causer le partage de liens que vous auriez crus inintéressants pour les autres. Lors du Webcom 2010, Katheline Jean-Pierre, la responsable du compte de la firme comptable Deloitte & Touche, au Canada, expliquait justement à quel point elle était restée surprise de la popularité d'un certain message qui parlait des normes IFRS (International Financial Reporting Standards). Ironiquement, et malgré le caractère très spécifique d'une telle norme, ce message fut l'un des plus populaires du cabinet, et le nombre de retweets et de mentions fut des plus élevés.

Il y aura toujours des gens pour s'intéresser à ce qui vous intéresse. Le secret d'un bon tweeteur est d'être lui-même. Tout comme dans la vie, les gens aiment s'acoquiner avec les personnes vraies. Cette tendance est tout aussi réelle sur les réseaux sociaux. La fausseté se sent à des kilomètres à la ronde. Certains abonnés ont parfois tenté de berner la communauté en créant un faux profil, en utilisant un faux nom, et ce, durant plusieurs semaines. Mais la vérité finit toujours par éclater au grand jour. Soyez vous-même, vous êtes beau. Si, si, vous l'êtes réellement.

On se calme !
La popularité n'est pas instantanée

On dit que Rome ne s'est pas construite en un jour. Eh bien, sachez qu'à moins de vous appeler Barack Obama, il y a peu de chances que vous obteniez des milliers d'abonnés une semaine après la création de votre compte. L'animateur de l'émission dominicale québécoise *Tout le monde en parle*, Guy A. Lepage, l'a fait. Mais le phénomène est rarissime. Sa popularité est directement liée à celle de son émission, l'une des plus écoutées de la province. Le célèbre animateur a toutefois su comprendre rapidement le phénomène, et sa popularité Twitter a suivi la même tangente, de façon exponentielle.

De votre côté, ne vous découragez pas si vous trouvez qu'il est long et ardu avant de vous faire connaître par la communauté. Au bout de quelques semaines d'échange et de partage, vous serez heureux de constater que vous êtes suivi par des dizaines, voire des centaines de personnes.

Tweeter plus vite que son ombre
Penser avant de tweeter

Il y a une foule de choses géniales à propos de Twitter : la rapidité d'accès à l'information, la quantité de trouvailles que l'on peut dénicher, le partage et l'échange entre les membres de la communauté. Mais, au fur et à mesure que l'on façonne la bête, on s'aperçoit que la démocratisation de l'information est aussi une arme à deux tranchants.

Au mois de janvier 2010, un journaliste annonçait sur son profil Facebook le décès de son amie et chanteuse Lhasa de Sela, une Montréalaise d'adoption, d'un cancer du sein. L'information n'a pas mis de temps à être reprise sur Twitter. Comme une traînée de poudre, les retweets ont saturé le réseau, et des milliers d'internautes se sont trouvés endeuillés en l'espace d'un court instant. Devant l'ampleur de la « rumeur », la maison de disques de la chanteuse a immédiatement démenti la nouvelle : « Lhasa se porte bien ! Par respect pour Lhasa, sa famille et ses proches, nous vous serions reconnaissants de taire cette rumeur ! Merci ! »

Du coup, le premier tweeteur à avoir diffusé l'information sur son compte s'est fait bombarder de tomates virtuelles. Nous apprenions malheureusement par la suite que la nouvelle était vraie, mais la confusion médiatique était semée.

La journaliste Chantal Guy, dans son papier du lendemain dans le quotidien *La Presse*, écrivait : « La peur d'être *scoopé* n'est plus une angoisse spécifique aux journalistes, mais un mal généralisé. » En effet, la planète entière semble s'être précipitée dans une course effrénée à savoir qui sera le premier à sortir la nouvelle, qu'elle soit vraie ou non. Et le phénomène est très visible sur la plate-forme de microblogues.

Avant de reprendre une nouvelle de cette ampleur, il faut parfois faire preuve de retenue. Nous sommes plus ou moins soumis aux mêmes normes que les journalistes traditionnels en matière de respect. La propension qu'ont des personnes à dégainer trop rapidement, à ne pas contre-vérifier une information avant de la publier peut heurter la sensibilité de certains. Il faut parfois s'arrêter deux fois avant de relancer une nouvelle de cette envergure sur la Toile. Et si on s'inventait virtuellement un raccourci-clavier qui nous demanderait : « Êtes-vous bien certain de vouloir retweeter ceci ? »

Le problème n'est pas que la rumeur soit fondée ou non ; le dilemme n'est pas vraiment que la nouvelle soit fausse ou vraie. L'erreur, c'est d'oublier que ce sont des gens qui se trouvent derrière les claviers et qu'il suffit d'une seule fausse rumeur pour leur faire du dommage. Il ne faudrait pas battre Lucky Luke à la dégaine.

Je, me, moi
L'autopromotion

La journaliste montréalaise Nathalie Petrowski, dans son article *Gazouillis de placoteux* du journal *La Presse* du 10 avril 2010, vilipendait la communauté en affirmant que les membres de Twitter n'y étaient que pour se faire une vile et vide autopromotion : « [...] une communauté où l'on est tellement occupé à s'autocongratuler et à s'autopromouvoir qu'on ne prend jamais le temps de s'arrêter pour envisager ce que l'on fait, avec une distance critique et un certain recul. »

Depuis cet article, la communauté s'est mise à rigoler chaque fois qu'un membre ose faire la promotion d'un de ses propres articles ou liens. Mais savez-vous quoi ? Mme Petrowski a un peu raison. Vous n'avez pas la berlue. Elle n'est pas dans le champ. En tout cas, pas complètement. Parce qu'on peut noter une quantité ahurissante de messages autopromotionnels sur le réseau. Pour des blogueurs qui n'ont pas l'exposition médiatique d'un journaliste traditionnel, Twitter apporte une manne de lecteurs. Cependant, contrairement à ce que peut en penser Mme Petrowski (qui est sur Twitter depuis, on se doit de le souligner), le problème n'est pas vraiment la promotion de soi-même et de ses accomplissements mais bien ceux qui ne font *que* ça. D'ailleurs, il n'y a pas que les blogueurs en mal de lectorat qui agissent de la sorte. Une foule de gens ne se servent de Twitter que pour ça, qu'ils soient journalistes, vedettes du petit écran ou vendeurs d'automobiles persistants. C'est là que le bât blesse car, comme on le soulignait précédemment, Twitter est d'abord et avant tout une terre d'échange et de partage.

Alors l'autopromotion, oui, mais de grâce, pas que ça ! Deux ou trois messages promotionnels se digèrent toujours mieux lorsqu'ils sont ingérés avec des liens et de l'humour en partage.

Une arme de diffusion massive

Le nouvel outil journalistique

De plus en plus de jour-
nalistes d'ici et d'ailleurs
utilisent Twitter comme
source brute et inépui-
sable d'informations. N'est-
ce pas le meilleur endroit
pour savoir tout ce qui
se passe en temps réel
dans le monde ? On n'a
qu'à penser à la rapidité

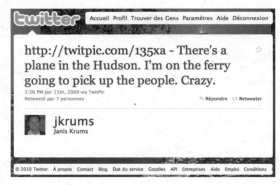

avec laquelle la nouvelle du terrible tremblement de terre à Haïti nous est parvenue (nous en reparlerons plus loin). Le fil des agences de presse a maintenant été déclassé par le fil Twitter. Pas surprenant alors de cons-tater que ces mêmes agences, Reuters par exemple, se trouvent maintenant sur la plate-forme. Auparavant accessibles uniquement pour les journalistes, ces fils de nouvelles sont maintenant offerts à la planète entière, et ce, gratuitement.

Les citoyens détiennent sou-vent des informations privilé-giées. C'est normal puisque ce sont eux qui, la plupart du temps, font la nouvelle. On n'a qu'à se rappeler à quelle vitesse les pre-mières photos et vidéos de l'amerrissage de l'Airbus A320

de la US Airways dans la rivière Hudson, à New York, en janvier 2009, se sont propagées sur Internet, la traînée de poudre prenant sa source d'un message Twitter.

Grâce à la démocratisation des outils, les citoyens non seulement obtiennent l'information en un clin d'œil, mais la transmettent aussi. L'important est maintenant de ne pas uniquement survoler l'actualité. C'est ici que le véritable travail des journalistes prend tout son sens, soit celui d'enquêter et d'approfondir la nouvelle. Parce qu'on aura toujours besoin d'être éclairé dans ce tourbillon d'informations.

Twitter est sans nul doute une arme de diffusion massive.

Nous sommes tous un peu mémères

Les vedettes et le potinage

Que celui qui n'a jamais feuilleté le *7 Jours,* le *People* ou le *Paris Match* nous jette la première pierre. Nous sommes presque tous identiques, faits de chair et de sang et poussés par une curiosité sans fin à tout connaître du sort de nos vedettes préférées. En file indienne et patiente à l'épicerie, nos yeux se frayent immanquablement un chemin vers les kiosques de journaux à potins, question de ne rien manquer des dernières frasques de nos artistes adorés. Céline Dion aura-t-elle des quadruplés ? Britney Spears va-t-elle perdre 10 kilos ou la garde de ses enfants ? Notre côté voyeur est irrémédiablement attiré par la vie des vedettes et des personnalités qui meublent notre quotidien.

Mais il n'est pas nécessaire de nous rendre à Los Angeles pour tout savoir sur nos artistes préférés. Puisqu'on y trouve un grand nombre de vedettes du petit et du grand écran, de chanteurs, de musiciens et autres figures de la culture populaire, Twitter est devenu l'endroit tout désigné pour tout savoir sur nos chouchous, de ce qu'ils ont ingurgité pour dîner à leurs extravagances lors de sorties mondaines en passant par toute la gamme des secrets insondables de leur univers. Twitter nous a rapprochés d'eux, et leur monde est plus accessible que jamais.

Chapitre 6

Mini guide de savoir-vivre

Il existe sur Twitter quelques règles silencieuses de bienséance auxquelles chaque utilisateur devrait se plier. En voici quatre incontournables.

Un visage à deux faces

L'abonnement-désabonnement

Certains utilisateurs n'ont envie que d'une chose : obtenir le plus d'abonnés possible. Pour y arriver, leur truc est de s'abonner à une foule de comptes qu'ils cessent de suivre dès que ceux-ci les suivent en retour. Cette pratique est équivalente à quelqu'un qui vous saluerait en vous croisant dans la rue mais qui vous ignorerait lors d'une prochaine rencontre. Sur Twitter comme dans la vraie vie, on fuit ce type de personnes. De grâce, soyez conséquent ! Si vous participez à la communauté, celle-ci se fera un grand plaisir de promouvoir vos activités.

Rendre à César ce qui appartient à César

Citer ses sources

Imaginez qu'un grand quotidien reprenne un de vos articles, une de vos idées ou un de vos concepts sans mentionner que vous en êtes l'auteur : vous sauteriez au plafond d'indignation. Bien qu'on ne considère pas toujours comme équivalente la portée sur Twitter, il est dans les règles de l'art de mentionner la source de nos découvertes et idées. Ne vous inquiétez pas, vous n'en perdrez rien au change ; les gens ne cesseront pas de vous suivre parce que vous avez inscrit le nom d'un autre abonné dans l'un de vos messages. Au contraire, ils vous considéreront comme un pivot pour relayer les informations importantes des différentes sources disponibles sur le Web. De toute façon, vos abonnés et vous savez très bien que vous ne pouvez pas tout savoir.

Sur le pilote automatique

L'envoi de DM automatiques

En s'abonnant à un nouveau compte, il arrive que le membre veuille vous remercier de le suivre, ce qui est en soi une excellente initiative. Là où le bât blesse, c'est lorsque ces messages sont envoyés en DM de façon automatique, grâce à un robot. Il est très frustrant pour un utilisateur francophone, par exemple, de recevoir un message privé lui disant : «Merci pour l'ajout. *Thanks for the following.*» La moindre des politesses en s'abonnant à un nouveau compte est de lire quelques messages de l'utilisateur. Certains s'apercevraient rapidement alors qu'il est déplacé de répondre en anglais lorsque l'utilisateur tweete dans la langue de Molière. Un merci? Tout à fait! Un *thank you*? *Bad idea!*

Êtes-vous un twittersnob?

Suivre ou ne pas suivre

L'expression «twittersnob» fait référence aux gens qui sont sur la plate-forme et qui ne suivent ni n'échangent avec personne, ou presque. De prime abord, ce sont des politiciens, des artistes, des journalistes, bref, des personnalités publiques. Nous croyons qu'il s'agit souvent d'une mauvaise compréhension de la plate-forme plus que d'un réel désintérêt envers la communauté. Mais il arrive que certains d'entre eux snobent littéralement le commun des mortels.

Malgré le fait que quelques politiciens se trouvent dans cette catégorie, nous en tenons peu compte puisque beaucoup d'entre eux tweetent par personne interposée. En effet, à l'instar de certaines stars américaines, une équipe de microblogueurs se cache parfois derrière un compte. Croyez-vous réellement que le premier ministre du Canada passe son temps à tweeter sur la plate-forme? Question rhétorique. Heureusement, ce phénomène est de plus en plus rare.

Mais qu'en est-il des autres tweeteurs qui utilisent le réseau uniquement pour échanger avec leurs collègues ou simplement pour faire de l'autopromotion? Peu de membres de la communauté en parlent, mais beaucoup rongent leur frein. C'est un fait, les tweeteurs détestent se faire snober par des gens qu'ils suivent. Pourquoi s'intéresser à des personnes qui ne s'intéressent pas à nous en retour?

La question que l'on est en droit de se poser est la suivante: pourquoi ces twittersnobs n'échangent-ils pas avec le reste de la communauté? Est-ce parce qu'ils n'ont pas encore saisi l'impact et la portée de l'outil? Est-ce plutôt une réelle incompréhension de la notion de communauté?

Certains de ces snobs se défendront en avançant qu'il est impossible de suivre tout le monde. Comment échanger avec 500, 1000, voire 5000 personnes? demandent-ils. Est-ce faisable? Notre réponse est oui. Grâce à Twitter qui permet de créer des listes ciblées d'utilisateurs et avec la possibilité qu'offrent certains outils comme TweetDeck ou Seesmic de les importer, de les personnaliser et de les trier, ça l'est. En fait, c'est même un jeu d'enfant. Mais en plus amusant.

D'autres diront que le temps qu'ils passent sur la plate-forme est compté et que c'est en conséquence un facteur déterminant pour ne suivre qu'une grappe d'utilisateurs. Comme nous l'avons expliqué précédemment, nous croyons que Twitter n'est pas fait pour suivre à temps plein un utilisateur en particulier, mais bien pour croiser sporadiquement une foule de personnes différentes sur un réseau surchargé d'informations. Twitter, c'est plonger à la mer lorsque vous y êtes. Vous y faites trempette, puis vous allez retrouver vos amis sur la plage. Twitter, c'est aussi saluer en retour quelqu'un qui passe devant chez vous en vous souhaitant une belle journée.

Certaines personnalités publiques l'ont compris. D'autres pas. Sinon, comment interpréter le fait que sur un réseau dit social un utilisateur qui a un millier d'abonnés n'en suive qu'un seul?

Entendons-nous, le réseau peut devenir ce que vous voulez qu'il devienne. Mais le Web 2.0 est social, c'est une plate-forme d'échange, de partage et d'interaction. En cette magnifique ère numérique, nous sommes tous devenus une source d'informations et d'idées, les journalistes comme les informaticiens, les infirmières comme les gardiens de zoo (on connaît tous un gardien de zoo, non ?). Nous avons un impact sur la vie des autres, nous avons tous à apprendre de ces mêmes personnes. Nous ne disons pas de suivre tout le monde qui cogne à votre porte. Il est même recommandé de maintenir un certain cap ou une certaine ligne éditoriale. Mais avant de lever le nez sur un membre qui vient de s'abonner à votre compte, pourquoi ne pas aller examiner son fil de messages, sa biographie ou même son site Web. Qui sait ? De belles surprises vous y attendent peut-être.

CHAPITRE 7

Le comment du pourquoi

« Écris-moi des mots qui sonnent »
En tant que genre littéraire

Au Québec comme ailleurs dans le monde, il est difficile de vivre de l'écriture. Lorsqu'on considère qu'un livre à succès québécois se vend à 300 exemplaires et que l'auteur fera environ 2,50 $ sur chacun, le calcul est facile à faire. De plus, certains genres, comme la poésie, ne peuvent se targuer d'attirer un très large public. Mais grâce à Twitter, tout ça est de l'histoire ancienne. Les quelques dizaines de lecteurs lisant les strophes d'un poète se dénombrent maintenant par centaines et même par milliers, pour certains. Le blogue avait dressé la table pour plusieurs poètes qui tâtaient le terrain Web à la recherche d'un nouveau lectorat. Bien que ça ait fonctionné pour certains, la longueur et la structure de certains poèmes rebutaient tout de même une portion non négligeable de lecteurs. Mais les 140 caractères alloués par la plate-forme Twitter ont donné un nouveau souffle aux poètes, leur permettant d'intéresser un lectorat jusque-là hors d'atteinte.

Jean-Yves Fréchette (@pierrepaulpleau), professeur de poésie à la retraite et père de Sébastien Fréchette (Biz, auteur et rappeur du réputé groupe Loco Locass), est d'ailleurs un pionnier de cette forme de littérature sur Twitter (on l'appelle aussi nanolittérature ou twittérature). Sa contrainte, outre le fait de donner aux mots une image forte, est d'utiliser tous les 140 caractères accordés par le réseau. Pile poil ! Moins facile qu'il n'y paraît à première vue. En voici un exemple.

Le Québec en est à ses premiers balbutiements en matière de poésie sur Twitter. En France, l'écrivain Jean-Michel Le Blanc a sa vitrine sur le réseau par l'intermédiaire de son compte @Centquarante.

Mais la poésie n'est pas la seule forme de littérature qu'on trouve sur Twitter. En effet, certains auteurs se sont donné comme mandat d'y créer des romans. Les romans-Twitter et les twillers (thriller Twitter) sont maintenant monnaie courante sur la plate-forme. Du côté des Américains, des œuvres comme *Alice au pays des merveilles* et *Moby Dick* (@publicdomain) ont été publiées à raison de plus de 12 000 messages. Quant au compte @novelsin3lines, il diffuse les écrits de l'auteur français Félix Fénéon. Le journaliste Matt Richtel (@mrichtel), du *New York Times*, a lancé *Hooked*, son twiller, alors qu'un autre Américain de San Francisco, Matt Stewart (@thefrenchrev), tweetait depuis le 14 juillet 2009 son twitroman, *The French Revolution*.

Ces auteurs ont été les premiers à utiliser la plate-forme pour partager leur fiction, mais de nos jours, on dénombre par centaines les écrivains qui transposent leurs écrits sur Twitter. Pour eux, Twitter tend à faire tomber la barrière de l'ingratitude.

Fais-moi l'humour

Ces humoristes qui tweetent

Il n'y a pas que les écrivains qui ont trouvé un terrain d'entraînement pour leur art. Une foule d'humoristes se trouvent maintenant sur la plate-forme. Parce que Twitter est un excellent endroit pour tester du matériel, parfaire son art, sentir le pouls de la communauté ou simplement s'amuser, des humoristes d'ici et d'ailleurs se donnent rendez-vous sur la plate-forme. Du côté des anglophones, on note la présence de John Cleese (Monty Python), Marlon Wayans (*Scary Movie*) et de l'animatrice Ellen DeGeneres. Au Québec, on croise les comptes d'Alex Perron, Pierre Brassard, Patrick Groulx ou encore Mike Ward. Quant aux habitants de l'Hexagone, on trouve, entre autres, Laurent Baffie et Fabrice Luchini.

Selon une étude de Pygmalion numérique de janvier 2010, 17 % des humoristes québécois sont sur Twitter. Quant aux autres, nous avons tendance à penser qu'il est plutôt « drôle » qu'ils ne s'y trouvent pas…

Dis-moi ce que tu manges et je te dirai qui tu es

Le monde des microrecettes

Le monde de la cuisine et des microrecettes a également trouvé son eldorado sur la plate-forme. Une blogueuse et photographe française, Joëlle Niang, nourrit le compte Tweetcooking de microrecettes à donner l'eau à la bouche. Un exemple ?

Potiron, beurre, huile, échalotes, lait 2 coco, crevettes séchées, pâte 2 crevettes fermentées, lime, coriandre, sel, poivre. Pas plus compliqué que ça. On s'entend pour dire que vous devez minimalement savoir vous débrouiller avec un four et les quantités, mais pour tous les chefs en herbe (de Provence), les recettes de base peuvent donner une bonne idée de toutes les possibilités.

Poussant l'audace un peu plus loin, une abonnée irlandaise, Maureen Evans, tweete ses recettes en moins de 140 caractères, en incluant les quantités.

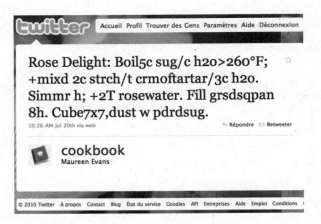

On admettra que cette recette peut se révéler un casse-tête, même pour la sténographe la plus allumée. N'empêche, l'exercice en vaut la chandelle. Et parions qu'à la longue on finit par s'habituer à ces abréviations particulières.

L'utilisateur anglophone @TinyRecipes tient également ses recettes en ligne sur Twitter.

Le populaire site québécois Recettes du Québec a aussi son pendant Twitter, @recettedujour, mais celui-ci, plutôt que de nous offrir ses recettes directement sur la plate-forme, nous redirige vers son site.

Dans la même veine, et toujours au Québec, @BuSurLeWeb présente plusieurs fois par semaine différents vins pour agrémenter vos meilleures recettes. Ça donne faim, tout ça.

Ça fait mon affaire

S'en servir en entreprise

Internet est un merveilleux terrain de jeu pour les entreprises. Les campagnes de certaines marques démontrent à quel point ces dernières font de plus en plus une place de choix au Web dans leurs stratégies marketing. On n'a qu'à penser à Nike, à BMW et à Adidas pour s'en convaincre.

Au Canada, le concours vidéo Doritos Viralocity a fait couler beaucoup d'encre dans les médias traditionnels et a utilisé beaucoup de bande passante dans les nouveaux médias. Les réseaux sociaux que sont Facebook et Twitter font maintenant partie des plans de la plupart des entreprises. D'ailleurs, les campagnes de promotion vidéo seules ne seraient jamais aussi populaires et n'atteindraient jamais autant leur cible si ce n'était de l'effet de levier que procurent les médias sociaux.

Outre le fait que Twitter permette une relation instantanée avec le client, plusieurs se servent de la plate-forme pour différentes raisons. L'Hôtel Le Germain, à Montréal, utilise majoritairement Twitter comme outil de service à la clientèle. Mais le réseau permet également aux entreprises de cibler et de fidéliser leur clientèle. La boutique Point G, à Montréal, l'a très bien compris dès le départ. Celle-ci s'est tout d'abord fait connaître en offrant ses macarons lors de divers événements de la communauté Web de Montréal. Le bouche à oreille a fait le reste. Maintenant, elle se trouve sur Twitter, sur Facebook et sur Foursquare. Le « maire Foursquare » de la boutique Point G reçoit d'ailleurs une boîte de six macarons gratuits chaque mercredi. Inutile d'ajouter que tout le monde a envie de devenir le maire de l'endroit et le fréquente avec assiduité.

L'Office national du film du Canada est également omniprésent sur Twitter. Grâce à cette présence, l'ONF a réussi à rajeunir son image, à devenir le chouchou Web d'une nouvelle génération et, ainsi, à faire découvrir des trésors cachés aux jeunes Canadiens et Québécois qui ignoraient jusque-là l'existence du producteur public. De grandes œuvres cinématographiques se trouvent maintenant à portée d'un tout nouvel auditoire. Et c'est encore une fois cette même force des réseaux sociaux qui les a fait connaître à une toute nouvelle génération de cinéphiles.

Depuis la crise en Haïti, les différents médias ont aussi envahi Twitter. Ils se trouvent ainsi en première ligne pour joindre leur lectorat. Même chose pour les magazines, les maisons d'édition et les bibliothèques. Et que dire des différents restaurateurs et traiteurs qui organisent des soirées de dégustation encore une fois pour faire mousser leur art et leurs produits. Il en va de même pour les boutiques de toutes sortes : vêtements, vélos, souliers, électronique, etc. Twitter permet de créer un lien solide et privilégié avec sa clientèle. Le Web social est le nouvel eldorado du monde des affaires. Soyez-y avant que tous vos compétiteurs s'y trouvent, sinon ils auront des kilomètres d'avance sur vous. Il est loin d'être trop tard, puisque seulement 6 % des entreprises québécoises étaient inscrites sur Twitter en mai 2010 (CEFRIO, *NETendances*).

Le Mirador Twitter

En tant qu'outil de relations publiques

Pour certaines entreprises, le fait de savoir utiliser les médias sociaux peut être salutaire. En avril 2009, deux employés de Domino's Pizza mettent sur YouTube une vidéo où ils font des choses peu ragoûtantes avec la nourriture qu'ils préparent. En moins de vingt-quatre heures, la vidéo est vue 20 000 fois. Puis, dans le temps de crier «*fast food*», à la vitesse de propagation inhérente aux différents réseaux sociaux, le nombre de visionnements explose à plus de 760 000. Domino's Pizza se fait montrer du doigt et certains détracteurs ne se gênent pas pour la traîner dans la boue. Plutôt que de paniquer, l'entreprise réagit calmement, retrace les deux employés et les renvoie, tout ça en utilisant ces mêmes réseaux sociaux.

En moins de deux, en toute maîtrise et transparence sur Twitter, la chaîne a réussi à éteindre un feu avant qu'il se propage trop et cause des dommages irréparables. Elle a combattu le feu par le feu, la spatule par la spatule, et a su faire face à une crise qui aurait pu gravement nuire à son image. Outre la transparence, on note surtout la notion d'échange avec la communauté, la chaîne expliquant sa démarche aux internautes.

Comme dit le vieil adage, «*If you can't beat them, join them*» («Si vous ne pouvez les combattre, joignez-vous à eux.»). Bien sûr, le cas de Domino's Pizza est particulier et un peu extrême. Mais qui sait? Peut-être serez-vous le prochain entrepreneur à réagir au quart de tour face à une crise grâce à une présence bien ancrée sur le Web social?

Avoir le tweet sur la main

Les OSBL et les organismes communautaires

Depuis la vague de sympathie qui a déferlé sur Twitter à la suite du tremblement de terre en Haïti, on aurait tendance à penser que de nombreux organismes sans but lucratif (OSBL) et organismes communautaires ont envahi la plate-forme pour faire connaître leurs services et pour se rapprocher de la communauté. Bien sûr, mais plusieurs OSBL étaient là bien avant cette catastrophe. Une étude américaine faite entre 2009 et 2010, la *Nonprofit Social Networking Benchmark Report*, démontre que le nombre d'OSBL américains présents sur Twitter est passé de 43 % en 2009 à près de 60 % au premier trimestre de 2010. C'est une augmentation de plus de 38 %. Toujours selon cette étude, les différents organismes se trouvent sur les médias sociaux pour différentes raisons, dont le marketing, les campagnes de financement et le service à la clientèle.

Selon Youssef Shoufan, responsable des médias sociaux chez *Don Magazine*, une revue bimensuelle québécoise qui offre une tribune aux différents organismes caritatifs du Québec, plusieurs OSBL sont présents sur Twitter et se démarquent sur la sphère québécoise: Oxfam-Québec, la Croix-Rouge, Jeunesse J'écoute et Amnistie internationale, entre autres, utilisent la plate-forme avec beaucoup de succès.

Les réseaux sociaux comme Twitter mobilisent les masses citoyennes, abolissent les préjugés, sensibilisent les gens et brisent le cercle de l'isolement.

Le ROI est *king*
Le rendement du capital investi

Nous avons abordé précédemment le bien-fondé de l'utilisation de Twitter en entreprise. Nous ne sommes pas des gourous du marketing, mais ça ne prend pas un doctorat en mathématiques pour s'apercevoir que le rendement du capital investi d'une présence sur les réseaux sociaux est l'un des plus rentables qui existent. Se créer un compte Twitter ne coûte rien du tout. *Nada*. Zéro. La seule chose à investir est du temps. Un proverbe dit que «le temps, c'est de l'argent». Justement! Le temps que vous prendrez pour investir sur les différents médias sociaux vous reviendra au centuple.

En calculant qu'une entreprise devra consacrer au minimum une trentaine de minutes par jour à la plate-forme, on comprend que la somme investie dans le temps d'un travailleur est minime. En fait, à moins d'être une entreprise de bonne taille, un employé déjà présent mais bien formé sur les médias sociaux pourra consacrer quelques heures de sa semaine à naviguer sur les différentes plates-formes. C'est ce qu'on appelle un investissement payant. De plus, si votre entreprise est vraiment avant-gardiste, les médias traditionnels s'arracheront votre expertise. Parlez-en justement à la boutique Point G ou au cabinet Deloitte & Touche qui sont devenus, du jour au lendemain, des entrepreneurs experts du Web social dont on s'arrache la présence sur les plateaux de télévision et dans les médias imprimés. Voilà tout un retour sur l'investissement (*return on investment* – ROI).

Tourner ses doigts sept fois sur le clavier
Savoir faire face aux critiques

Qui dit présence et transparence dit aussi vulnérabilité. Parce que tout se passe très vite sur les médias sociaux, parce que l'information s'écoule comme les chutes Niagara et, surtout, parce que les humains sont souvent impulsifs, il est facile de nous laisser emporter lorsqu'on nous pointe du doigt. De grâce, si un abonné vous fait une remarque désobligeante, restez calme, respirez par le nez et tournez votre langue sept fois avant de lui répondre (le double, si vous êtes en entreprise). Vous pouvez essayer de tourner sept fois vos doigts sur le clavier, mais on ne saurait vous dire si la méthode est aussi efficace.

Certains tweeteurs n'aiment pas la tangente mercantile que prennent les réseaux sociaux. D'autres, parce qu'ils sont sous le couvert de l'anonymat ou parce que c'est dans leur «personnage» de tirer à boulet rouge sur tout ce qui bouge, n'hésiteront pas à s'attaquer à une marque ou à un produit, s'ils ne l'aiment pas. N'oubliez pas: sur le Web, la liberté d'expression l'emporte sur tout. Vous devez donc faire preuve de diplomatie en tout temps et ne jamais oublier que tout ce que vous direz pourra être retenu contre vous (mais un avocat ne vous sera pas commis d'office). Il est primordial de ne pas oublier que la communauté ne se gênera pas pour parler de votre produit ou de votre service, que ce soit en bien ou en mal. Si les critiques positives font toujours du bien à l'ego, si elles peuvent constituer un levier pour votre marque, les critiques négatives, elles, permettent souvent d'évoluer et d'avancer. On serait fou de s'en passer.

Bingo!
Faire des concours

Nous avons parlé précédemment de la boutique Point G, à Montréal, qui offre une boîte de six macarons au «maire Foursquare» de l'endroit. Mais il n'y a pas que sur ce réseau social qu'il est possible de créer des concours: Twitter est un endroit tout désigné aussi, que vous soyez une multinationale ou un simple musicien pauvre et affamé.

Un des types de concours fréquents sur Twitter est la course à l'abonné. Il ne s'agit pas ici de se mettre à courir après quelqu'un dans le but de l'effrayer, mais plutôt d'obtenir un certain nombre magique d'abonnés; par exemple, offrir un livre ou un CD à qui deviendra le 1000e abonné de votre compte. Le comédien Stéphane E. Roy en a même créé un grâce auquel le gagnant remportait un souper avec lui. La Vitrine, le centre d'information culturelle du Grand Montréal, et MusiquePlus, une chaîne de télévision musicale, organisent également plusieurs concours dans lesquels ils font tirer des billets de spectacle.

Pour participer, il suffit souvent de simplement retweeter un de leurs messages. Quand on sait que ce simple geste nous permet de faire de nouvelles connaissances virtuelles, les concours de cette sorte sont une belle façon de faire d'une pierre deux coups.

Le voisin gonflable
L'achat d'abonnés

Certains utilisateurs donnent parfois l'impression de prendre part au jeu de qui aura le plus grand nombre d'abonnés. Ce «jeu», qui peut sembler pour certains l'équivalent de jouer à qui fait pipi le plus loin, est très répandu sur la twittosphère. On peut comprendre que des entreprises aimeraient être suivies par des milliers, voire des dizaines de milliers d'abonnés. Mais pourquoi un abonné normalement constitué, comme vous et moi, serait-il prêt à vendre sa mère, sa sœur, son chameau et sa tondeuse pour posséder un nombre élevé d'abonnés? Tout d'abord, est-ce possible? Si vous en doutez, laissez-nous vous glisser un mot sur certains services de marketing Twitter qui permettent d'acheter des abonnés par conteneurs de bateau.

Une entreprise américaine, uSocial, offre des abonnés Twitter par tranches de 1000, 2500, 5000, 10 000, 25 000 et même 100 000 abonnés pour des sommes variant entre 87 $US et 3479 $US. Vous n'avez pas la berlue. C'est incroyable mais vrai. Une autre entreprise Web, Twiends, offre à ses membres un service d'échange de crédits qui fonctionne de la façon suivante: chaque fois que vous vous abonnez à un nouveau compte, vous recevez un crédit. À l'opposé, lorsqu'un abonné s'abonne au vôtre, il vous en coûte un. L'accumulation de ces crédits permet l'augmentation du nombre d'abonnés. L'idée n'est pas dépourvue de bon sens: plus de crédits = plus d'abonnés. De cette façon, vous multipliez les chances de vous faire connaître selon vos goûts ou votre situation géographique. Mais voilà où se cache la bête: si la patience n'est pas votre vertu, il est possible, vous l'aurez deviné, d'acheter des crédits; par exemple, 5000 crédits vous coûteront la modique somme de 100 $US. Parions que l'idée derrière ce concept est loin d'être mercantile (#ironie).

La question demeure toutefois entière : pourquoi diantre quelqu'un voudrait-il mettre son petit cochon en pièces pour s'acheter des abonnés ? Son influence Web augmentera-t-elle vraiment de cette façon ? Probablement. Mais gageons que la vérité finira toujours par percer. Notre avis est que, de toute façon, la qualité devrait toujours primer sur la quantité. C'est le cas dans la vie, et ça devrait aussi l'être sur Twitter.

L'argent mène le monde

La publicité sur Twitter

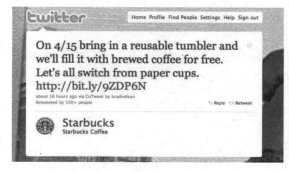

Un des problèmes majeurs de Twitter depuis sa mise en ligne est que l'entreprise ne fait pas d'argent. Aussi incroyable que cela puisse paraître, malgré le nombre effarant de ses membres et sa croissance exponentielle, l'entreprise est incapable de se trouver un modèle d'affaires viable. Twitter multiplie en conséquence les pirouettes marketing afin de rendre son entreprise viable le plus rapidement possible. Deux modèles ont été mis de l'avant : les messages commandités (*promoted tweet*) et les tendances commanditées (*promoted trending topic*).

Les messages commandités sont basés sur un modèle qui ressemble énormément aux liens AdWords du géant Google : l'achat de mots-clés. Lorsqu'un utilisateur effectue une recherche sur Twitter.com, des tweets commandités par certaines entreprises apparaissent en tête des résultats de recherche. Starbucks, Virgin America et Red Bull ont été parmi les premiers à se prévaloir d'une telle approche publicitaire. Malheureusement pour Twitter, bon nombre de ses membres utilisent un logiciel d'interface ; ces tweets n'apparaissent pas dans ceux-ci.

En juin 2010, Twitter a mis sur pied un second volet à son modèle d'affaires : les tendances commanditées. Apparaissant dans la colonne «Tendances» sur le site de Twitter, ce «dixième sujet chaud» est en fait une publicité achetée par de grandes entreprises.  La toute première tendance à avoir été achetée sur Twitter l'a été par Pixar, le studio d'animation de Disney, dans le but de faire la promotion de son long métrage *Toy Story 3*. Voyons voir maintenant si ce modèle d'affaires arrivera à rentabiliser la grande plate-forme de microblogues.

CHAPITRE 8

Au fil d'arrivée

La révolution sociale

Les bons coups de Twitter

Juin 2009. Deux jours après la réélection contestée du président Mahmoud Ahmadinejad, le peuple iranien se mobilise à Téhéran et dans d'autres villes du pays pour manifester son mécontentement. Les forces de l'ordre tentent de le museler en usant de violence. Aucune information, image ou vidéo ne provenant d'Iran, les médias occidentaux se tournent vers d'autres sources. Twitter, Facebook et les blogues en font partie. Durant quelques jours, grâce au hashtag #IranElection, près de 1 % du trafic total recensé sur Twitter parle de cette crise. Les Iraniens ont trouvé une nouvelle voix.

Rapidement sensibilisée, la population occidentale, et plus particulièrement la communauté Twitter, se range du côté de la communauté sociale iranienne et modifie ses paramètres régionaux pour mêler géographiquement la provenance des tweets afin de tromper le gouvernement iranien et de l'empêcher d'y aller de représailles envers son propre peuple d'internautes. Twitter devient en quelques jours seulement une nouvelle arme d'informations massive.

Janvier 2010. Un terrible tremblement de terre de 7,3 sur l'échelle de Richter fait des centaines de milliers de morts, de blessés et de sans-abris ainsi que des milliards de dollars de dommages en Haïti. En quelques minutes seulement, la communauté Twitter est alertée. Plusieurs Québécois se trouvent en Haïti, dont la journaliste Chantal Guy et l'écrivain Dany Laferrière, sur place pour le festival littéraire international Étonnants Voyageurs. La communauté journalistique présente sur Twitter se demande si ces deux personnes ainsi que la délégation les accompagnant sont saines et sauves. En quelques heures seulement, alors que les médias traditionnels cherchent encore à savoir ce qui se passe, les tweeteurs se mobilisent et organisent une campagne de financement pour venir en aide aux sinistrés. Des témoignages, des appels à l'aide et des photos sont envoyés sur Twitter. La télévision et le téléphone ne fonctionnant pas en Haïti, ils sont remplacés par les communications Internet. Le journaliste et animateur radio haïtien Carel Pedre fut l'un des premiers à transmettre des images de la catastrophe par Twitter et son téléphone portable : elles feront le tour du monde.

Durant les jours qui ont suivi, plusieurs témoignages et manifestations d'aide et de solidarité sont venus de partout dans le monde. Oxfam et la Croix-Rouge emboîtent rapidement le pas à Yele.org, le premier organisme à avoir réagi à la catastrophe et dont le fondateur est le chanteur d'origine haïtienne Wyclef Jean. Plus près de nous, au Québec, on note les efforts du député fédéral libéral Denis Coderre (@DenisCoderre) et d'une jeune musicienne et spécialiste en médias sociaux montréalaise, Rachelle Houde (@RachelleHoude), qui mobilisent la communauté et font bouger les choses.

Juillet 1996. Claude Robinson intente une poursuite contre la maison de production Cinar, pour plagiat. Durant près de quatorze ans, Cinar fait traîner les procédures.

Août 2009. La cour statue que l'œuvre de Claude Robinson a été plagiée et somme Cinar de lui verser la somme de 5,2 millions de dollars en dommages et intérêts.

Septembre 2009. Cinar en appelle de la décision.

Devant la lenteur des procédures et l'écœurement de la population face à ce duel de David contre Goliath qui n'en finit plus, un regroupement citoyen nommé Opération Claude Robinson voit le jour pour aider financièrement le créateur dans son combat. Porté par la force des réseaux sociaux, le regroupement se fait entendre par les médias traditionnels.

Cette initiative lui permet de faire parler de lui à l'émission *Tout le monde en parle* ainsi que dans les bulletins télévisés et différents journaux. En mai 2010, Opération Claude Robinson avait réussi à amasser plus de 400 000 $ pour soutenir l'illustrateur dans sa bataille. L'esprit de communauté, c'est aussi savoir se tenir ensemble dans la vraie vie.

Le côté sombre de la Force

Les mauvais côtés de Twitter

Parce que tout n'est pas toujours rose, parce que forcément les choses finissent par s'équilibrer, parce que tout est une question de polarité (avec tout côté positif vient un côté négatif), il arrive aussi qu'on dépasse les bornes sur Twitter. Eh oui, Twitter possède aussi son côté sombre. C'est Darth Vader qui serait content d'apprendre ça.

Prenez le cas du décès de la chanteuse Lhasa de Sela que nous avons abordé précédemment. Cet événement n'est pas un cas isolé. On dénombre plusieurs autres rumeurs de décès de personnalités sur Twitter, la plupart non fondées. Celles-ci sont souvent reprises sans vérification de la source de la nouvelle. D'où l'importance de penser avant de tweeter (et de contre-vérifier l'information, quand c'est possible). C'est exactement ce qui est arrivé en janvier 2010 alors que la rumeur de la mort du comédien américain Johnny Depp *buzzait* sur la plate-forme, devenant même la deuxième tendance la plus tweetée durant cette journée.

Au Québec, c'est le comédien Stéphane E. Roy, de l'émission *Caméra Café*, à TVA, qui expérimentait la force de propagation du réseau alors qu'il tentait lui-même d'orchestrer un canular sur sa propre personne. En mars 2010, il a fait croire à la communauté qu'il était perdu dans une forêt des Laurentides : «Je suis pris dans le bois dans un sentier de raquettes sans raquettes.... On m'a abandonné...» Un peu plus tard dans la soirée, il tweetait quelques messages supplémentaires : «La nuit tombe, je suis toujours perdu dans ce sentier» et «Je commence à avoir sérieusement froid». La communauté a d'abord cru qu'il s'agissait d'un vol d'identité, mais devant le silence du comédien, son message fut finalement pris au sérieux. Jusqu'à ce que la vérité éclate quelques heures plus tard : «Arrêtez, je fais un test [...] je ne suis pas perdu.» N'empêche que cette blague aurait quand même pu tourner au vinaigre après que la spécialiste des médias sociaux, Michelle Blanc, eut contacté le service de police de Tremblant pour signaler la disparition et la détresse du comédien. N'eût été la réaction de Mme Blanc, qui a par la suite démenti la rumeur auprès du corps de police, des unités de secours auraient bien pu être dépêchées pour sortir le comédien d'une situation dont il n'était même pas victime.

Donc, bien qu'il soit facile de retweeter des informations sur le coup de l'émotion, nous devons toujours faire preuve de vigilance lorsque nous sommes mis face à de tels messages.

Boire à la rivière
Peut-on trop tweeter ?

Sur Twitter, il est impossible de suivre tout ce qui se passe tant il y a de l'information. On s'entend pour dire que personne ne peut tweeter jour et nuit. Qui en a envie, de toute façon ? Michelle Blanc a trouvé une belle façon d'illustrer ce que Twitter devrait être : une rivière où l'on s'abreuve ; il est impossible de toute la boire, mais on peut très bien s'y désaltérer.

À ceux qui craignent de rater une information primordiale en étant absents de Twitter, sachez qu'elle finira toujours par remonter à la surface tôt ou tard.

Qui va à la chasse perd sa place
Y être pour ne pas que les autres y soient à votre place

La chose est arrivée à des vedettes, à des artistes, à des journalistes et à d'autres personnalités publiques. Ils n'étaient pas sur Twitter et quelqu'un a décidé d'y être à leur place. Imaginez si vous appreniez dans le journal que vous avez tenu des propos, que vous avez eu des comportements discutables ou, pire encore, que vous avez fait un fou de vous durant une fête en chantant et en dansant, soûl, avec un abat-jour sur la tête (ce qui peut s'avérer, mais gardons-nous une petite gêne), et surtout, que tout ça ne soit pas vrai ! Imaginez par-dessus tout le jeu du téléphone arabe à la puissance mille. Parce que c'est aussi ça, les réseaux sociaux. L'information y circule à la vitesse de l'éclair. Pour ne pas faire usurper votre identité, saisissez-la donc avant que quelqu'un d'autre le fasse à votre place. Parce que des petits comiques, il en existera toujours. Soyez plus vite qu'eux, et vous garderez le droit d'essayer tous les abat-jour que vous désirez.

Bloguer, est-ce vraiment 2009 ?

Bloguer pour approfondir sa pensée

Avec l'avènement de tous les nouveaux réseaux sociaux, certains se sont peut-être aperçus d'un ralentissement dans la blogosphère. Parce qu'on ne peut pas être partout à la fois et parce que le Web social est un énorme gobe-temps, les blogues ont-ils encore leur raison d'être dans cette nouvelle réalité instantanée ? Nous pensons que oui.

Twitter ne permet d'exposer sa pensée qu'en 140 caractères. Facebook, bien qu'il nous donne la possibilité de l'élaborer un peu plus, possède certains défauts de ses qualités (on n'a qu'à penser à la multitude de statuts qui s'accumulent sur la page d'accueil, reléguant aux oubliettes vos fameux aphorismes dont tout le monde se délecte).

Le blogue demeure donc une plate-forme de choix pour approfondir sa pensée. On dénote bien sûr un ralentissement chez certains blogueurs. Mais, à notre avis, la plate-forme est là pour rester. Surtout qu'elle évolue parfaitement avec les autres plates-formes en permettant l'intégration de widgets Twitter, Facebook et autres.

Certains utilisateurs du Web social ont aussi décidé de mettre en ligne, sur leur blogue, une liste de leurs tweets de la journée. Une belle façon de faire passer 140 caractères à la postérité. L'illustrateur de ce guide et tweeteur émérite Yan Thériault reprend ce concept sur le sien. C'est une excellente façon pour ses lecteurs de ne rien manquer des perles d'humour qu'il disperse sur Twitter.

Facebook

CHAPITRE 9

On y trouve de tout, même des amis !

Un succès mur à mur

Les raisons de sa popularité

Lorsque Mark Zuckerberg a fini de bricoler son site Facebook dans sa petite chambre à l'université Harvard, en 2004, il était sans doute loin de se douter qu'il venait de créer un empire qui allait le rendre milliardaire quatre ans plus tard, à l'âge de 23 ans !

L'histoire est si incroyable qu'elle a même inspiré le scénario d'un long métrage, *The Social Network,* réalisé par David Fincher, l'homme derrière les films *Sept* et *L'étrange histoire de Benjamin Button*. Du bonbon pour Hollywood !

Facebook a officiellement vu le jour le 4 février 2004. À l'origine, le site conçu par Zuckerberg avec l'aide de trois autres étudiants de Harvard, Dustin Moskovitz, Chris Hughes et Eduardo Saverin, avait été baptisé Thefacebook. Basé sur le principe des albums d'admission remis aux étudiants à leur arrivée dans une université afin de les aider à mieux se connaître, le site avait pour but de faciliter l'échange et la communication entre les étudiants du célèbre établissement universitaire.

Fort de son succès, le site n'a eu besoin que de quelques mois pour agrandir son territoire et rejoindre d'autres universités américaines, avant de finalement ouvrir ses portes toutes grandes au reste du monde au mois de septembre 2006. Aujourd'hui, toute personne âgée de 13 ans et plus sur la planète peut s'inscrire sur Facebook.

Grâce à son *look* épuré et à ses nombreuses fonctionnalités permettant l'échange et le partage, le site n'a pas mis de temps à devenir le réseau social le plus populaire au monde, reléguant son principal concurrent, MySpace, très, très loin derrière. Pauvre Tom…

Facebook compte maintenant plus d'un demi-milliard de membres et sa croissance ne montre pas d'essoufflement. Si FB était un pays, il serait le troisième de la planète en termes de population, après l'Inde et la Chine! Imaginez, chaque mois, 25 milliards de morceaux d'information sont partagés sur Facebook, et plus de 60 millions de membres modifient leur statut chaque jour! Pas surprenant que les utilisateurs de Facebook passent en moyenne près d'une heure sur le site… et que plusieurs entreprises en aient interdit l'accès à leurs employés!

Pourquoi un tel succès? Les raisons sont nombreuses. Facebook permet de retrouver les vieux amis qu'on avait perdus de vue, de garder contact avec la famille et les collègues de travail avec qui on a des liens plus faibles, de communiquer facilement et rapidement avec tout un groupe d'amis, de jouer, de s'informer, de faire de la promotion, de ne plus oublier les dates d'anniversaire de ses proches… et même d'espionner son ex! Bref, Facebook permet de rester connecté. C'est à se demander comment l'homme et la femme modernes ont pu vivre si longtemps sans ce réseau social!

Bien sûr, tout le monde n'est pas aussi emballé par le site. Ils sont plusieurs détracteurs à reprocher le narcissisme ambiant sur Facebook, cette propension que certains membres ont à étaler leur vie quotidienne sans pudeur, ce désir de collectionner les amis et de les *piner* (épingler) fièrement sur leur babillard. On ridiculise le concept même de l'amitié sur Facebook. Dans le populaire film québécois *De père en flic*, le personnage joué par Michel Côté lance d'ailleurs une réplique fort éloquente à ce sujet en parlant de son fils et de sa génération: «Hey! y ont 345 amis sur Facebook pis quand c'est le temps de déménager, y en a pu un esti!»

Qu'on aime ou pas, Facebook est maintenant bien ancré dans les mœurs des jeunes et moins jeunes (même si les 18-25 représentent les principaux utilisateurs, les femmes de 55 ans constituent le groupe qui connaît la plus forte croissance), au Québec comme ailleurs.

Selon Facebook, plus de 3 millions de Québécois ont un compte sur le site, soit près de la moitié de la population. C'est énorme !

Mais de ce nombre, combien utilisent réellement Facebook à son plein potentiel ? Combien comprennent les droits d'utilisation du site, ses paramètres de sécurité, le fonctionnement de ses pages et son système de publicité ? Les prochaines pages visent à vous plonger sous le capot et à vous montrer les rouages et les mécanismes méconnus de cette complexe machine. Relevez vos manches et ouvrez grands les yeux : ce n'est pas souvent qu'un garagiste partage ainsi ses trucs !

Sommes-nous de vieux cons ?

La politique de respect de la vie privée

La vie privée serait-elle un problème de vieux cons, comme le suggérait un article du journaliste français Jean-Marc Manach, en décembre 2009 ? En d'autres mots, avons-nous raison de nous inquiéter de la façon dont sont gérées nos informations personnelles sur Facebook ?

Pour bien des jeunes des générations Y et Z, publier des détails de sa vie privée sur Internet est devenu un geste aussi naturel que banal. Il suffit de consulter quelques profils d'adolescents pour constater à quel point ils s'y affichent sans pudeur, dévoilant leurs secrets les plus intimes aux amis de leurs amis, quand ce n'est pas carrément à tout le monde.

Une situation d'autant plus troublante lorsque l'on sait à quel point il est difficile de faire disparaître ce que l'on publie sur le Web. L'expression « les paroles s'envolent, les écrits restent » prend tout son sens sur Internet. Et on ne parle même pas ici des photos et des vidéos ! Qu'on le veuille ou non, les traces qu'on laisse chaque jour sur les réseaux sociaux vont nous suivre jusqu'à la fin de notre vie. Elles font partie intégrante de notre identité virtuelle, notre double numérique. Il vaut mieux soigner cette image consciencieusement.

Grâce au Commissariat à la vie privée du Canada, les pratiques et les politiques de Facebook en matière de vie privée ont été améliorées en 2009. Le Commissariat reprochait notamment au site de réseautage le « partage à outrance des renseignements personnels avec les tiers développeurs des applications Facebook tels les jeux et les questionnaires » ainsi que la manière confuse et incomplète dont l'information sur le respect de la vie privée était fournie aux utilisateurs.

Facebook a accepté d'apporter certains changements à sa politique, mais encore faut-il se donner la peine de lire cette passionnante littérature ! Dans un article de *La Presse* signé par Nathalie Collard, en mai 2010, on apprenait que la politique sur la vie privée de Facebook était passée de 1004 mots en 2005 à 5830 mots en 2010 ! La partie questions/réponses sur la protection des données personnelles compte quant à elle 45 000 mots ! Comme il ne s'agit pas vraiment d'une lecture de chevet particulièrement stimulante, plusieurs internautes ignorent encore aujourd'hui dans quoi ils s'engagent en s'inscrivant sur Facebook.

Une question, maintenant : dans la vraie vie, accepteriez-vous que le propriétaire d'une galerie où vous exposez vos photos puisse disposer de vos œuvres à sa guise ? Consentiriez-vous à ce qu'il puisse les utiliser, les modifier et les vendre sans votre permission ? Sans doute pas. C'est pourtant ce que l'on autorise Facebook à faire chaque fois qu'on dépose une photo, une vidéo ou encore un texte sur le site. Il y a de quoi frémir légèrement !

Bien sûr, vous détenez toujours les droits sur vos informations, mais en vous inscrivant sur le site, il est important de savoir que vous permettez à Facebook de communiquer et de vendre vos données à de tierces parties, comme des annonceurs. Voici comment se lit le premier paragraphe de la « Déclaration des droits et responsabilités » de Facebook concernant le partage des informations :

« Pour le contenu protégé par les droits de propriété intellectuelle, comme les photos ou vidéos ("propriété intellectuelle"), vous nous donnez spécifiquement la permission suivante, conformément à vos paramètres de confidentialité et paramètres d'applications : vous nous accordez une licence non exclusive, transférable, sous-licenciable, sans redevance et mondiale pour l'utilisation des contenus de propriété intellectuelle que vous publiez sur Facebook ou en relation avec Facebook [...]»

En d'autres mots, pour Facebook, nos informations sont un peu comme un buffet *all you can eat* dans lequel il peut se servir à sa guise ! Facebook assure que ces informations servent à nous offrir un service et des fonctions personnalisées, ce qui est exact ; mais il faudrait être dupe pour ne pas y voir une façon de faire de l'argent.

C'est grâce à tout ce que nous révélons sur le site, de notre âge à notre ville de résidence en passant par nos goûts et intérêts, que Facebook est aussi attrayant pour les annonceurs. Grâce à ces données ultra-précises, ils peuvent cibler leur publicité de façon quasi chirurgicale.

Voici ce qu'on peut lire à ce sujet dans la section sur la politique de respect de la vie privée de Facebook : «Par exemple, nous pouvons utiliser votre intérêt pour le football afin d'afficher des publicités sur des équipements de football, mais nous ne communiquons pas votre nom à l'annonceur.» Facebook assure donc que vos informations personnelles et vos données sont transmises en «paquets» sans que votre nom d'utilisateur y soit associé.

Le *deal* est donc clair : Facebook vous donne gratuitement accès à un outil formidable qui permet de partager vos informations et de rester en contact avec vos amis, en échange de quoi il peut utiliser ces mêmes informations pour faire rouler le site et faire du profit.

À vous maintenant de déterminer ce que vous avez envie d'y révéler !

Pour prendre connaissance de la politique de respect de la vie privée de Facebook, le lien est le suivant : http://www.facebook.com/policy.php. Vous pouvez aussi consulter la section sur les conditions d'utilisation en cliquant sur le lien correspondant en bas à droite du site. Une version française du texte est offerte.

Une personne avertie en vaut deux

Les paramètres de sécurité et de confidentialité

Que vous le vouliez ou non, un certain nombre de vos renseignements personnels sur Facebook sont déjà visibles pour tout le monde. Et si on écoutait les conseils de Mark Zuckerberg, il y en aurait beaucoup plus ! On l'a vu précédemment, la rentabilité de Facebook passe en grande partie par l'information que vous acceptez de partager sur le site. Il suffit de jeter un œil sur l'évolution des conditions d'utilisation de Facebook depuis sa création pour constater à quel point le géant est de plus en plus insatiable et gourmand !

Les prochaines pages ont pour but de vous aider à bien paramétrer votre compte. Bien sûr, chaque choix est fort personnel ; ce que certains partagent sans sourciller peut être considéré comme hautement confidentiel pour d'autres. C'est donc à vous de déterminer votre zone de confort et de faire connaître vos limites.

Avant d'entrer dans les détails, voici une définition des différents paramètres que vous devrez choisir. Ils sont toujours représentés sur le site par le fameux petit cadenas gris.

- **Amis seulement.** Ce sont les amis que vous avez acceptés en toute connaissance de cause.

- **Les amis de mes amis.** Lorsque vous acceptez un ami sur Facebook, prenez-vous vraiment le temps de vérifier son propre réseau d'amitié ? Sûrement pas de façon exhaustive. Et comme certains abonnés accumulent les amis de façon compulsive, vous ouvrez la porte toute grande à d'éventuels étrangers. Les amis de vos amis sont-ils vraiment vos amis ? Pensez-y bien avant de choisir ce réglage…

- **Personnaliser.** On chiale bien, mais Facebook offre aussi des paramètres particulièrement élaborés pour protéger ses utilisateurs. Lorsque vous choisissez l'option «Personnaliser», il est possible de déterminer avec une extrême précision qui peut voir et ne pas voir vos informations. Vous pouvez choisir d'inclure ou d'exclure une personne, ou encore un groupe précis.

- **Tout le monde.** Attention ! Alerte ! Ce paramètre est l'équivalent d'un *open house* d'ados. Il ouvre grande la porte à *tous* les utilisateurs de Facebook et, comme si ce n'était pas assez, à *tous* les internautes, même s'ils ne sont pas inscrits sur ce réseau. Voici la description que Facebook fait de ces informations sur le site : «Elles peuvent aussi être indexées par des moteurs de recherche tiers et être importées, exportées, diffusées et rediffusées par Facebook et par des tiers, sans restriction de confidentialité.» Rien que ça !

Par chance, le paramètre «Tout le monde» est légèrement différent pour les mineurs. Si un utilisateur de moins de 18 ans opte pour celui-ci, seuls ses amis, les amis de ses amis et les membres d'une école dont il a joint le réseau pourront accéder à ses informations. Il n'apparaîtra pas non plus dans les moteurs de recherche externes.

Ajuster les paramètres

Pour personnaliser vos paramètres de sécurité, cliquez sur «Compte» et «Paramètres de confidentialité». Critiqués de toutes parts pour leur complexité, ils ont été grandement simplifiés au mois de mai 2010. On trouve maintenant tous les paramètres sur une même page, regroupés dans deux grandes catégories: «Informations de base» et «Partage sur Facebook».

Pour vérifier en temps réel les modifications que chaque choix apporte à votre profil, cliquez sur l'onglet «Aperçu de mon profil» situé en haut à droite de la page. Très utile pour ajuster le tir. Vous pouvez même afficher un aperçu de votre profil tel qu'une personne particulière peut le voir en tapant son nom dans la case.

Choisir vos paramètres de confidentialité ▸ Informations de base

◄ Retour à Confidentialité		Aperçu de mon profil

Votre nom, image de profil, sexe et réseaux peuvent être vus par tout le monde (en savoir plus). Nous vous recommandons de laisser les autres paramètres de base ci-dessous ouverts à tous, ce qui aidera vos amis du monde réel à vous retrouver.

🔍 Me rechercher sur Facebook	Cela permet à vos amis de vous trouver sur Facebook. Si vous n'êtes visible que pour un petit nombre de personnes, cela peut vous empêcher de renouer avec vos amis.	🔒 Amis et leurs amis ▾
👥 M'envoyer des invitations	Ceci permet à vos amis de vous envoyer des demandes d'ajout à leur liste d'amis. Si ce paramètre n'est pas défini sur Tout le monde, vous ne pourrez retrouver vos amis.	🔒 Amis et leurs amis ▾
✉️ M'envoyer des messages	Cela permet aux amis avec lesquels vous n'avez pas encore établi de lien sur Facebook de vous envoyer un message avant de vous ajouter à leur liste d'amis.	🔒 Tout le monde ▾
👥 Voir ma liste d'amis	Ceci aide vos amis à vous identifier via vos amis communs. Votre liste d'amis peut toujours être utilisée par les applications et peut également apparaître ailleurs.	🔒 Tout le monde ▾
🎓 Voir ma formation et mon emploi	Cela aide vos anciens camarades et collègues à vous retrouver.	🔒 Tout le monde ▾
🏠 Voir ma ville actuelle et ma ville d'origine	Cela aide vos amis d'enfance et vos amis actuels à confirmer qu'il s'agit bien de vous.	🔒 Amis seulement ▾
✏️ Voir mes centres d'intérêt et d'autres Pages	Cela vous permet de communiquer avec des personnes partageant les mêmes intérêts sur Facebook comme en dehors de Facebook.	🔒 Tout le monde ▾

Informations de base

La première étape consiste à déterminer les paramètres de vos informations de base. Par défaut, votre nom, image de profil, sexe et réseaux (si vous faites partie d'un de ceux-ci) peuvent être vus par tout le monde. C'est l'information qui apparaîtra à l'écran de n'importe quel internaute qui tombe sur votre profil, qu'il soit inscrit sur Facebook ou non. Vous ne pouvez rien y changer, c'est le minimum que vous devez accepter de partager avec les autres.

Vous avez cependant le contrôle sur une foule d'autres informations. Facebook aimerait bien que vous les rendiez accessibles à tous dans le but d'aider vos amis du monde réel à vous retrouver, mais c'est à vous de décider s'il s'agit de la meilleure option.

- **Me rechercher sur Facebook.** Quels abonnés peuvent vous trouver en effectuant une recherche de votre nom sur Facebook? En théorie, vous devriez accepter que tout le monde puisse le faire. La logique veut que quiconque vous cherche puisse savoir si vous êtes ou non présent sur Facebook. Mais bon, peut-être souhaitez-vous garder votre présence sur le réseau plus discrète... Une personnalité connue qui souhaite garder son profil privé et diriger ses *fans* vers sa page aurait aussi grand intérêt à autoriser seulement ses amis. Son profil deviendra ainsi «invisible» à tous les autres abonnés.

• **M'envoyer des invitations.** Cette option vous permet de déterminer qui peut vous envoyer une demande d'amitié. Vous avez le choix entre «Les amis de mes amis» ou «Tout le monde».

• **M'envoyer des messages.** Cette option vous donne la possibilité de décider qui peut vous écrire un courriel par l'intermédiaire du service de messagerie de Facebook.

• **Voir ma formation et mon emploi.** Cette option permet à vos collègues ou à vos anciens camarades de classe de vous retracer plus facilement. Pour autant que vous souhaitiez réellement que votre première blonde au secondaire vous mette le grappin dessus.

• **Voir ma liste d'amis.** Facebook suggère de laisser votre liste d'amis la plus accessible possible afin que ces derniers puissent voir les amis que vous avez en commun sur le site. Ça se comprend, c'est le principe même du réseautage. À moins que vous n'ayez des amitiés moins avouables que d'autres.

• **Voir ma ville actuelle et ma ville d'origine.** Grâce à cette option, vos amis d'enfance pourront confirmer que vous êtes bien celui qu'ils pensaient… et que vous avez vraiment mal vieilli ! Blague à part, le lieu de résidence devrait être un renseignement que l'on garde pour ses amis seulement, particulièrement chez les mineurs.

• **Voir mes centres d'intérêt et d'autres pages.** Cette option permet de consulter la liste des intérêts de votre section «Infos» et de visualiser les pages que vous aimez. À vous de décider si vous voulez partager votre passion pour le macramé avec la planète ou seulement avec tante Georgette.

Choisir vos paramètres de confidentialité ▸ Personnaliser les paramètres

◂ Retour à Confidentialité		Aperçu de mon profil

Personnalisez qui peut voir et commenter ce que vous publiez, ce qui apparaît sur votre babillard et les publications dans lesquelles vous avez été identifié(e).

Choses que je partage		
	Mes publications Paramètre par défaut pour les publications telles que statuts et photos	🔒 Amis seulement ▾
	Famille	🔒 Amis seulement ▾
	Relations	🔒 Amis seulement ▾
	Intéressé(e) par et À la recherche de	🔒 Amis seulement ▾
	Biographie et citations	🔒 Tout le monde ▾
	Site web	🔒 Tout le monde ▾
	Opinions politiques et religieuses	🔒 Amis seulement ▾
	Date de naissance	🔒 Amis seulement ▾

Partage sur Facebook

Cette section contrôle tout le contenu que vous publiez sur Facebook, en plus d'une série d'informations personnelles particulièrement importantes. Prêtez-y une grande attention.

Comme nous l'avons expliqué précédemment, il est possible de bloquer une section à un groupe ou à une personne en particulier. Ça peut être fort pratique ! Après tout, il est sans doute préférable que votre mère ne sache pas que vous avez changé de croyance religieuse !

- **Biographie et citations.** C'est la partie un peu plus officielle de votre profil, celle dans laquelle vous ne révélez généralement pas de secrets personnels. À moins d'avis contraire, la rendre accessible à tous ne pose pas vraiment de problème.

- **Commenter mes publications.** À vous de décider qui peut commenter vos publications. Évidemment, ce choix dépend beaucoup de l'accès que vous avez donné à votre babillard. Si vous avez décidé de permettre à tous de le voir, peut-être souhaiterez-vous cependant que seuls vos amis puissent réagir publiquement à vos statuts afin d'éviter les commentaires d'étrangers, pour ne pas dire étranges…

93

- **Date de naissance.** Voilà une autre information cruciale que vous ne souhaitez pas voir tomber entre des mains malintentionnées. Elle devrait être réservée à vos amis seulement.

- **Mes amis peuvent publier sur mon babillard.** Votre babillard, c'est un peu l'équivalent de la porte de casier que vous décoriez de photos et de dessins à la petite école. Seuls vos meilleurs amis triés sur le volet avaient le droit d'y afficher un mot ou une carte de souhaits. Votre mur sur Facebook devrait être géré de la même façon. À vous de savoir si vous faites suffisamment confiance à vos amis. Si vous en avez des centaines, dont plusieurs que vous ne connaissez que vaguement, il y a fort à parier qu'un jour ou l'autre ils publieront sur votre babillard du contenu que vous n'approuverez pas. Même s'il est facile d'effacer une publication d'un autre abonné, vous serez continuellement confronté à cette forme de pollution. Soit dit en passant, il est également possible de configurer qui peut voir les messages des autres sur notre babillard.

- **Mes statuts, photos et publications.** Par défaut, Facebook rend ces informations accessibles à tous les abonnés. C'est donc dire que n'importe quel membre du site (ils étaient plus d'un demi-milliard la dernière fois qu'on a vérifié) pourra lire tous vos statuts et les commentaires qui s'y rattachent, en plus de regarder toutes les photos et les vidéos que vous avez mises en ligne. Ça fait peur. À moins que vous ne vous serviez de votre profil privé à des fins professionnelles (ce qui est interdit par Facebook, soit dit en passant), nous suggérons de donner l'accès au « cœur » de votre compte uniquement à vos vrais amis.

Nous vous rappelons cependant que Facebook permet de choisir à qui s'adressent vos publications au moment même où vous les créez. Lorsque vous rédigez un nouveau statut, cliquez sur le petit cadenas situé à droite pour sélectionner qui vous autorisez à le consulter et qui vous souhaitez exclure. Ça peut être pratique lorsque vous voulez parler dans le dos d'un de vos amis sans qu'il le sache !

- **Numéros de téléphone et adresse.** Y a-t-il vraiment des abonnés qui donnent leur numéro de téléphone à la maison et l'adresse de leur domicile dans leur profil privé ? Si oui, assurez-vous que seuls vos amis puissent les voir ! Mais personnellement, nous trouvons que c'est courir après les problèmes.

- **Photos et vidéos dans lesquels je suis identifié(e).** Lorsque vous publiez une photo ou une vidéo de vous sur Facebook, c'est que vous jugez qu'elle est adéquate et qu'elle vous représente bien. Mais qu'en est-il de la photo de *party* compromettante que votre collègue a prise de vous et qu'il s'est empressé de mettre sur Facebook ? Vous voulez vous assurer qu'elle soit la moins vue possible avant de convaincre son auteur de la retirer (on reviendra sur le dossier des identifications de photos plus loin). Seuls vos amis devraient avoir accès à ce matériel.

- **Site Web.** Question de générer du trafic sur votre blogue ou de faire la promotion de votre site, vous devriez sans nul doute permettre à tous de consulter cette section. Si vous avez une page, nous vous conseillons fortement de mettre son hyperlien dans vos infos. Vos *fans* sauront alors que vous avez prévu un espace pour eux.

- **Lieux.** À l'automne 2010, Facebook a introduit un nouveau service de géolocalisation baptisé «Lieux». En gros, il permet à l'utilisateur d'indiquer à ses amis où il se trouve en temps réel grâce au GPS de son téléphone intelligent. Vos amis peuvent aussi vous «tagger» (identifier) sur un lieu à la manière d'une photo ou d'un statut. Si vous n'êtes pas à l'aise avec le principe de la géolocalisation, il est possible de modifier les paramètres de confidentialité de cette option. Vous pouvez, par exemple, interdire à vos amis de vous localiser à un endroit et de vous exclure de la liste des personnes présentes qui s'affiche lorsque l'on s'inscrit sur un lieu. On peut également dresser une liste personnalisée des amis à qui l'on désire révéler les lieux où l'on se trouve. Si vous avez un ex qui a des tendances harcelantes, ça pourrait être une bonne idée de l'éliminer de cette liste.

Applications, jeux et sites Web

Quelles informations souhaitez-vous partager avec les concepteurs d'applications et de jeux sur Facebook ou encore avec les moteurs de recherche et les sites Web basés sur la plate-forme de Facebook ? Sachez que, par défaut, ils ont déjà accès à votre nom et à votre image de profil, à votre sexe, à vos réseaux et à votre liste d'amis ainsi qu'à toute autre information à laquelle vous avez appliqué le paramètre «Tout le monde».

Cette section, accessible par la page principale des «Paramètres de confidentialité», vous permet de supprimer des applications que vous n'utilisez plus ou que vous avez installées par mégarde. Vous pouvez même désactiver la plate-forme Facebook afin de vous assurer que le site ne partage plus jamais vos informations à l'extérieur. Sachez cependant que vous ne pourrez plus jouer à Farmville...

- **Infos accessibles par l'intermédiaire de vos amis.** Cette option permet de contrôler les informations de votre compte qui peuvent être utilisées par des applications et des sites Web que vos amis utilisent. Vous avez bien lu! C'est par vos amis que Facebook permet aux développeurs d'applications d'accéder à vos données. Un vrai cheval de Troie! Assurez-vous de décocher tout ce que vous ne voulez pas partager avec eux.

- **Recherche publique.** Si vous ne désirez pas que votre profil apparaisse dans les moteurs de recherche externes, comme Google, assurez-vous que cette case est décochée.

Il est également possible de modifier les paramètres des applications conçues par Facebook, comme les «Cadeaux», les «Événements» et les «Photos» en choisissant l'onglet «Paramètres des applications» dans le menu déroulant de «Compte».

Parle à ma main !

Bloquer des utilisateurs et des invitations

Vous désirez bloquer un abonné qui vous harcèle sur Facebook et l'empêcher d'entrer en contact avec vous? Vous n'avez qu'à entrer son nom ou son adresse de courriel dans la case appropriée que vous trouverez dans la section des «Paramètres de confidentialité» (cliquez sur «Listes de personnes» et «Applications bloquées»).

Pour bloquer un abonné qui fait partie de votre réseau d'amis, vous pouvez également vous rendre sur son profil et cliquer sur l'onglet «Signaler ou bloquer cette personne» qui se trouve dans la colonne de gauche.

Si un de vos amis vous inonde d'invitations à utiliser une application (on en connaît tous un !), vous pouvez bloquer toutes ses futures invitations en inscrivant son nom dans la case prévue à cet effet.

Jouez à la police

Signaler un abus

Facebook a beau pouvoir compter sur des centaines d'employés partout dans le monde, c'est loin d'être suffisant pour surveiller toutes les activités qui se déroulent sur sa plate-forme. Tout comme la police de votre ville a besoin de votre vigilance et de vos informations pour arrêter les méchants, Facebook demande que ses utilisateurs lui rapportent les abus dont ils sont témoins. Une forme d'autorégulation qui permet de rendre notre expérience sur le site plus agréable.

Facebook interdit notamment tout contenu « incitant à la haine ou à la violence, menaçant, à caractère pornographique ou contenant de la nudité ou de la violence gratuite », ainsi que les faux profils.

Voici la manière de signaler différents types d'abus.

- **Un abus sur un profil d'utilisateur.** Cliquez sur l'onglet « Signaler ou bloquer cette personne » dans la colonne de gauche d'un profil.

- **Un abus sur un groupe.** Allez sur la page du groupe et cliquez sur « Signaler : groupe » dans la colonne de gauche.

- **Un abus sur une photo.** Cliquez sur celle-ci et repérez la ligne « Signaler cette photo » située en bas à droite de la photo.

- **Un abus sur un commentaire.** Cliquez sur l'onglet « Signaler », sous le commentaire.

Notre expérience démontre toutefois que le processus est parfois long avant que Facebook intervienne.

Attention aux paparazzis !

Surveiller ses photos et retirer une identification (*tag*)

Lorsque vous mettez une photo en ligne sur Facebook, le site vous permet d'identifier les personnes qui figurent sur celle-ci en pointant le curseur vers leur corps et en rédigeant leur nom. La photo est alors publiée automatiquement sur le profil de la personne que vous avez indiquée. Une option fantastique qui favorise le réseautage et l'échange entre amis. Bien sûr, l'inverse est aussi vrai, vos amis peuvent également vous identifier sur leurs photos en vous *taggant*. En théorie, cette action ne pose pas de problème. Mais qu'arrive-t-il si la photo ne vous convient pas ? S'il y a erreur sur la personne ? Si une application a inséré votre nom sur l'image d'un ami à son insu ? Étant donné que cette photo sera affichée chaque fois que quelqu'un fera une recherche à votre nom, vous avez tout intérêt à l'approuver !

En plus de vous abonner au service d'alertes de Facebook (nous verrons comment plus loin), nous vous recommandons de consulter régulièrement la section de vos photos afin de vérifier ce qui s'y trouve. Pour y accéder, cliquez sur «Afficher mes photos» sous votre image de profil.

Pour retirer une identification sur une photo, ouvrez-la, cherchez votre nom dans la description et cliquez sur «Retirer l'identification». Bien sûr, ça ne fera pas disparaître la photo, mais au moins vous ne serez plus associé à celle-ci et elle n'apparaîtra plus sur votre profil.

Pour faire effacer définitivement une photo sur laquelle vous figurez, deux options s'offrent à vous :

1. Contactez directement son auteur et demandez-lui de la supprimer ;

2. Signalez la photo auprès de Facebook. Vous trouverez l'onglet sous la photo, juste sous l'icône «Partagez».

À l'abordage !

Déjouer les pirates

C'est le cauchemar de tous les abonnés sur Facebook : se faire pirater son compte ! Imaginez les ravages que peut causer un *hacker* qui s'infiltre dans votre profil ou votre page pour y publier des statuts qui ne sont pas les vôtres, mettre en ligne des photos que vous n'approuvez pas, ou dévoiler des informations personnelles que vous réserviez à vos amis. Brrr !

Même s'il est impossible de nous protéger entièrement contre ces pirates des temps modernes, il y a tout de même un moyen de renforcer notre système de défense. À la guerre comme à la guerre, moussaillon !

Le truc suivant vous permettra d'être informé d'une intrusion sur votre compte dès qu'elle surviendra :

1. Accédez aux paramètres de votre compte en cliquant sur le menu déroulant de l'onglet «Compte» en haut à droite du site et choisissez l'option «Paramètres» du compte.

2. Dans le premier onglet, cliquez sur «Modifier» sur la ligne «Sécurité du compte».

3. Une boîte contenant le message suivant apparaîtra : «Afin de vous permettre de garder votre compte Facebook aussi sûr que possible, nous pouvons vous avertir lorsqu'un accès à votre compte a lieu depuis un ordinateur ou un téléphone que vous n'avez pas utilisé auparavant. Souhaitez-vous recevoir une alerte lorsqu'une connexion a lieu à partir d'un nouvel appareil ?» Cochez la case «Oui». Facebook peut aussi vous aviser par messagerie texte. Vous n'avez alors qu'à cocher la case appropriée.

4. Déconnectez-vous du site.

5. Ouvrez une nouvelle session. Facebook vous demandera alors d'identifier votre ordinateur. Donnez-lui un nom et cochez «Ne plus me poser cette question sur cet ordinateur».

6. Cliquez sur «Enregistrer».

Si vous utilisez plus d'un ordinateur à la maison et au bureau, répétez les étapes pour chaque appareil. Vous serez ainsi averti dès qu'un ordinateur étranger se connectera à votre compte. Il est toujours plus facile de répliquer à une invasion lorsque l'on se sait attaqué !

Joignez les rangs des services de renseignements

Les alertes

Facebook	Courriel	SMS
M'envoie un message	☑	☐
Souhaite devenir mon ami(e)	☐	☐
Confirme une demande d'amitié	☑	☐
Écrit sur mon babillard	☑	☐
Me salue	☐	☐
Va bientôt fêter son anniversaire (un courriel par semaine)	☑	
Me demande de confirmer les circonstances de notre rencontre	☐	
Demande de confirmer un lien de parenté	☐	
Confirme le lien de parenté	☐	
Me suggère un(e) ami(e)	☐	
Ajoute un(e) ami(e) que j'ai suggéré(e)	☐	
Que j'ai invité se joint à Facebook	☑	
M'identifie dans une publication	☑	
Commente une publication dans laquelle je suis identifié(e)	☑	

Parce que personne ne passe ses journées sur Facebook (du moins, on l'espère !) et parce qu'il est parfois difficile de suivre toutes les actions qui nous concernent sur le site, Facebook peut nous avertir par courriel et par SMS chaque fois qu'un utilisateur interagit avec notre compte. En tout, plus de 50 actions sont couvertes ! Ça va du fameux « Me salue » (*Poke*) jusqu'à « M'envoie un cadeau » et « Me suggère une page ». Pour activer les alertes, rendez-vous dans la section « Paramètres de compte » et cochez la case appropriée.

Bien sûr, certains vont trouver tous ces courriels et ces SMS fort envahissants, particulièrement les abonnés qui entretiennent un imposant réseau d'amis. Voici néanmoins quelques alertes qui devraient toujours être activées.

- **Écrit sur mon babillard.** Si vous permettez à vos abonnés de publier sur votre babillard (une option que vous pouvez gérer dans les paramètres de confidentialité), il serait important que vous en soyez informé rapidement. Après tout, c'est *votre* mur !

- **M'envoie un message.** Certains messages sur Facebook nécessitent une réponse rapide. Il est bon d'en être avisé sur réception.

- **M'identifie dans une publication/article.** Vos amis peuvent vous identifier dans leur statut ou dans un article en tapant @ devant votre nom d'usager, ce qui crée un hyperlien vers votre profil ou votre page. Parce qu'il est primordial de savoir ce qui s'écrit à votre sujet, particulièrement si vous gérez une image de marque, il est essentiel de recevoir cette notification rapidement.

- **M'identifie sur une photo/vidéo.** Cette alerte est utile si vous voulez être certain d'être avisé dès que quelqu'un publie une photo ou une vidéo dans laquelle vous figurez sur Facebook. Ça permet d'éviter les mauvaises surprises !

Parce que le divorce est parfois inévitable !

Désactiver son compte ou le supprimer définitivement

Même les plus belles histoires d'amour se terminent parfois mal. Si votre relation idyllique avec Facebook a tourné au cauchemar et que les papillons du début se sont transformés en ulcères d'estomac, l'heure de la rupture vient peut-être de sonner. Malgré la croyance populaire, il n'est pas si difficile de faire ses valises et de planter Facebook sur le pas de la porte.

Comme dans les vraies relations de couple, il y a une différence entre prendre un *break* et quitter l'autre définitivement. Il faut donc comprendre que désactiver son compte et le supprimer, ce n'est pas la même chose.

Désactiver votre compte signifie que Facebook rend votre profil inaccessible aux autres utilisateurs. Comme lorsque Harry Potter enfile sa cape d'invisibilité, vous disparaissez aux yeux de tous. Mais, dans les faits, vous êtes toujours sous la cape ! Facebook conserve en effet les informations de votre profil (amis, photos, intérêts, etc.) dans l'éventualité où vous souhaiteriez réactiver votre compte.

Pour désactiver votre compte, allez dans « Compte », « Paramètres du compte », « Paramètres » et cliquez sur « Désactiver le compte ».

Supprimer définitivement votre compte est un peu plus complexe. Pour le faire, vous trouverez le lien en tapant « Delete Facebook » dans la section « Aide » de Facebook (http://www.facebook.com/help/) (cherchez *I want to permanently delete my account. How do I delete my account ?*)

ou encore en inscrivant cette adresse : http ://www.facebook.com/help/ contact.php ?show_form=delete_account.

Le site vous demandera d'entrer votre mot de passe et de transcrire un captcha (une série de chiffres et de lettres déformés). Une fois votre compte supprimé, il est important de ne pas vous connecter au site avec votre ancien nom d'utilisateur pendant un minimum de quatorze jours, sinon Facebook annulera le processus de suppression. Ça inclut l'utilisation du bouton «J'aime» sur un site externe, l'application Facebook Connect, ou encore une application de téléphone intelligent. En d'autres mots, tenez-vous loin de tout ce qui touche au site. Comme un mari possessif, Facebook ne se laisse pas quitter facilement !

CHAPITRE 10

C'est toujours bon à savoir !

Bienvenue, faites comme chez vous !

Bien gérer le fil des nouvelles et s'assurer d'y être vu

Si Facebook était une maison, un soir de fête, la page d'accueil serait la cuisine: la pièce la plus populaire de la résidence, celle où tout le monde s'entasse pour jaser. On estime en effet que 80 % à 90 % des activités d'un utilisateur se passent sur sa page d'accueil. C'est là qu'il consulte les nouveaux statuts de ses amis ou de ses pages préférées, qu'il commente des photos et prend ses messages, ou encore qu'il «aime» un contenu. Que vous soyez l'administrateur d'une page ou simplement désireux de partager les publications de votre profil avec le plus grand nombre d'abonnés possible, il est primordial de bien comprendre les mécanismes de la page d'accueil.

Le fil de nouvelles de Facebook offre deux catégories de lecture: les activités «À la une», soit celles filtrées par Facebook, et «Les plus récentes», soit toutes les activités de vos amis et des pages dont vous êtes membre.

Par défaut, le fil de nouvelles de l'accueil est configuré pour afficher les activités «À la une». Comme dans un journal, les nouvelles en première page ont toujours plus d'impact que celles coincées entre la chronique nécrologique et les mots croisés. D'où l'importance de vous assurer que vos nouvelles publications y sont affichées. Comment? En créant du contenu qui interpellera vos amis et vos adeptes.

Facebook agit un peu comme le chef de pupitre de votre fil de nouvelles. C'est le site qui détermine quelles sont les activités qui ont le plus de chances de vous intéresser et qui les affiche «À la une». L'algorithme de Facebook prend en compte les critères suivants:

- **Les interactions passées.** Si vous avez l'habitude de commenter les publications d'une page ou d'un ami en particulier, Facebook s'assurera de les prioriser à l'avenir. Le site prend aussi en considération les profils que vous visitez et les échanges de messages que vous avez.

- **Les commentaires.** Les publications les plus commentées par vos amis sont considérées comme d'intérêt public. Si vous êtes l'administrateur d'une page, votre défi consiste donc à créer du contenu qui favorise les commentaires, comme un sondage d'opinion.

- **Les «J'aime».** Chaque fois qu'un abonné apprécie un contenu, il peut le laisser savoir à l'auteur en cliquant sur l'onglet «J'aime». Plus une publication accumule de «l'amour», plus les chances sont grandes qu'elle se trouve «À la une». Encore une fois, le défi est de publier du contenu qui suscitera une réaction. Vous comprenez mieux maintenant pourquoi certains membres «aiment» leurs propres statuts…

Trier les publications de son fil de nouvelles par listes d'amis

Les utilisateurs qui ont un grand nombre d'amis sur Facebook (la limite est quand même de 5000!) deviennent rapidement submergés par les activités de leur imposant réseau. Il n'est pas rare qu'une publication d'un proche que l'on juge importante soit complètement noyée par le flot continuel des activités de nos vagues connaissances.

Heureusement, Facebook permet d'afficher le fil de nouvelles par listes d'amis. Il faut d'abord avoir créé ces listes dans les paramètres du compte (voir «Créez des listes d'amis»). Pour faire apparaître les activités d'une liste, cliquez sur l'onglet «Amis» dans la colonne de gauche de l'accueil et choisissez la liste que vous désirez consulter. Mais attention, vous ne pourrez plus jamais vous excuser de ne pas avoir vu l'invitation à souper de votre belle-mère!

Filtrer des photos et des vidéos

Vous voulez être certain de voir les nouvelles photos de profil de vos amis, le nouveau copain de votre collègue de travail ou les images de voyage du beau-frère ? Facebook permet d'afficher exclusivement les dernières photos mises en ligne par les membres de votre réseau ainsi que leurs albums, leurs vidéos, les téléchargements faits à partir d'un téléphone cellulaire et vos propres téléchargements. Vous pouvez les regarder en cliquant sur l'onglet « Photos » dans la colonne de gauche de l'accueil. Pour ne voir que les nouvelles photos de profil de vos amis, cliquez sur « Amis » dans la colonne de gauche de l'accueil. Elles apparaîtront sous les mises à jour récentes.

Filtrer des statuts

Il peut être difficile de prendre connaissance des nouveaux statuts de vos amis dans l'amalgame des activités publiées dans votre fil de nouvelles. Pour n'afficher que les statuts de votre réseau, sélectionnez « Amis » dans la colonne de gauche de l'accueil et cliquez sur « Statuts ».

Masquer un ami ou une page sur l'accueil ou en augmenter la visibilité

Vous aimez bien votre ami, mais vous n'en pouvez plus de ses innombrables statuts et de son score sur Farmville ? L'administrateur d'une page vous inonde de promotions sans intérêt ? Vous avez deux choix : les retirer de vos abonnements, ce qui peut parfois être délicat si l'ami en question est susceptible, ou encore les masquer sur votre fil de nouvelles. La deuxième option a l'avantage d'être facile et de ne pas laisser de traces puisque le principal intéressé ne le saura même pas ! Même si c'est un peu hypocrite, on en convient !

Facebook permet en effet aux abonnés de masquer les activités d'un utilisateur et de s'assurer que ses publications sont invisibles dans le futur. Pour ce faire, passez le curseur de votre souris à la droite de sa publication et cliquez sur l'onglet « Masquer ».

Vous pouvez toujours réactiver le statut d'un abonné ou d'une page en modifiant les options de l'accueil. Pour ce faire, cliquez sur l'onglet « Modifier les options » tout en bas de la page d'accueil.

Les paramètres du fil de nouvelles vous permettent de «dé-masquer» un ami, mais aussi de préciser ceux que vous tenez absolument à voir. Vos *best*, quoi! Vous pouvez enfin déterminer le nombre·maximum d'amis à inclure dans votre fil de nouvelles. Plus le chiffre est élevé, plus les nouvelles publications seront affichées fréquemment.

Les pommes avec les pommes, les oranges avec les oranges!

Créer des listes d'amis

Comme une collection de timbres, il est possible de classer vos amis afin de les regrouper dans des catégories distinctes. Vous ne voulez peut-être pas partager les mêmes informations avec les membres de votre famille, vos vieilles connaissances du secondaire et vos collègues de travail actuels. Sérieusement, votre pauvre père a-t-il vraiment besoin de voir les photos de votre nouveau tatouage?

Facebook vous permet de communiquer avec des groupes distincts chaque fois que vous publiez un nouveau texte ou mettez en ligne une photo ou une vidéo sur votre profil. Voici comment créer ces groupes.

Cliquez sur «Compte» en haut à droite du site et choisissez «Modifier la liste d'amis». Cliquez sur «Créer une liste», nommez-la (famille, travail, amis, etc.) et choisissez les amis que vous souhaitez y ajouter. Vous pouvez ajouter et retirer des amis de votre liste en tout temps et même la supprimer. Vos listes sont également accessibles lorsque vous acceptez une nouvelle demande d'amitié. Pour classer un ami dans le «tiroir» de votre choix, vous n'avez qu'à cliquer sur l'onglet «Ajouter à la liste».

Maintenant que vos listes sont créées, voici comment vous en servir. Lorsque vous écrivez une publication dans la boîte de rédaction, cliquez sur le petit cadenas situé à la gauche de l'onglet «Partager», choisissez «Personnaliser», puis «Certaines personnes» et entrez le nom de votre liste. Enregistrez le paramètre et partagez.

Vous pouvez aussi utiliser vos listes lorsque vous créez un nouvel album de photos en cliquant sur l'onglet «Confidentialité».

Tous les moyens sont bons de rester connecté !

Publier sur Facebook par courriel et SMS

Votre patron vous a coupé l'accès à Facebook au travail? Votre douce moitié trouve que vous passez trop de temps sur le Net et vous surveille de près? Vous ne possédez pas d'application Facebook pour votre téléphone intelligent? Eh bien, il existe d'autres façons de combler votre besoin de publier sur votre profil et votre page : le courriel et le SMS !

Le courriel

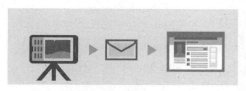

Vous l'ignoriez peut-être, mais chaque profil et chaque page Facebook possèdent une adresse de courriel. En d'autres mots, il est possible d'écrire un message au site afin qu'il l'affiche comme statut. Grâce à cette adresse, on peut même mettre en ligne une vidéo ou une photo simplement en l'envoyant par courriel. Vous trouverez l'adresse de courriel de votre profil personnel en vous rendant à l'adresse suivante : http://www.facebook.com/mobile.

Si vous avez une page, l'adresse de courriel n'est pas la même que celle de votre profil. Vous la trouverez en vous rendant dans la section «Mobile» en cliquant sur l'onglet «Modifier page» sous votre photo. Dans les deux cas, vous n'avez qu'à copier l'adresse dans votre courriel et à écrire votre nouveau statut dans l'espace réservé au sujet de votre courriel. Si vous désirez y ajouter une photo ou une vidéo, copiez-la dans l'espace réservé au message. Cliquez sur «Envoyer», et le tour est joué !

Le SMS

Il est aussi possible de mettre à jour son statut à l'aide du service de textos de votre téléphone cellulaire. Vous trouverez les informations pour activer la messagerie texte de Facebook sur votre cellulaire à l'adresse suivante : http//www.facebook.com/mobile. L'activation ne prend

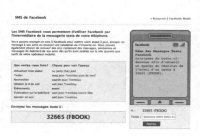

que quelques minutes. Une fois l'opération terminée, il vous suffit de texter votre statut au numéro de téléphone fourni par Facebook pour qu'il s'affiche sur votre profil ou votre page.

Il est par ailleurs possible de recevoir des alertes Facebook par textos. Par exemple, si quelqu'un écrit sur votre babillard, identifie une photo de vous ou vous envoie un message, Facebook vous avertit immédiatement en expédiant un message SMS sur votre cellulaire. Pour vous abonner à ce service, rendez-vous dans les paramètres du compte et cliquez sur «Alertes».

Sachez enfin que votre cellulaire ne peut être associé qu'à un compte à la fois et que le service vous sera facturé par votre opérateur.

Davantage de produits Facebook Mobile

facebook.com

- Actualisez votre statut, naviguez dans votre fil de nouvelles et consultez les profils d'amis, le tout à partir de votre cellulaire.
- Fonctionne avec tous les téléphones cellulaires disposant d'une connexion internet.

Envoyer un lien sur mon téléphone

SMS de Facebook

Profitez encore plus de Facebook Mobile. Actualisez votre statut depuis votre téléphone en envoyant un SMS au :

32665 (FBOOK)

À propos des SMS Facebook

Facebook pour votre téléphone

Téléchargez des applications riches et interactives conçues pour votre téléphone. Disponible pour :

iPhone	Nokia
Palm	Android
Sony Ericsson	Windows Mobile
INQ	Sidekick
Blackberry	

Partout, tout le temps

Les applications pour téléphone intelligent et Facebook Mobile

Pour certains, Facebook est comme une drogue dure. Éloignez-les de leur ordinateur quelques instants, et ils se mettent à trembler et à avoir de l'écume au coin des lèvres. Pour eux, et pour tous ceux qui veulent rester connectés avec leur compte en tout temps, il y a Facebook Mobile !

À l'ère des téléphones intelligents, vivre l'expérience Facebook à distance est un jeu d'enfant. Des applications Facebook ont été développées pour la plupart des grandes marques, du iPhone au BlackBerry en passant par Palm, Androïd, Nokia et Sony Ericsson.

Ces applications permettent à l'utilisateur de consulter leur profil ou leur page, d'envoyer des messages, de mettre leur statut à jour, ou même de publier des photos et des vidéos. Vous les trouverez dans les boutiques en ligne de votre fournisseur de cellulaire où elles sont téléchargeables.

Facebook a également créé une plate-forme mobile pour accommoder les propriétaires de cellulaire qui ne disposent pas d'application spéciale. On peut y accéder avec tout téléphone qui possède une connexion Internet. Pour bénéficier de cette option, rendez-vous à l'adresse http://www.facebook.com/mobile et cliquez sur «Envoyer un lien vers mon téléphone». Entrez ensuite votre numéro de portable afin que Facebook vous envoie un lien vers Facebook Mobile par message texte. Conservez ce lien précieusement dans votre navigateur pour y avoir accès facilement : c'est votre porte d'entrée. Vous pouvez vous en servir pour actualiser votre statut, lire votre fil de nouvelles ainsi que vos messages et consulter les profils de vos amis.

Attention ! Assurez-vous d'avoir un bon plan de données avec votre fournisseur avant d'utiliser Facebook Mobile trop souvent. C'est bien beau la dépendance, mais ça peut coûter cher parfois !

You've got mail !

Commenter sur son profil par courriel

Facebook offre une fonction qui vous permet d'envoyer un commentaire sur l'une de vos publications en répondant tout simplement au courriel de notification.

Par exemple, si quelqu'un réagit à votre statut en laissant un commentaire, vous pouvez réagir à votre tour en y répondant sans jamais aller sur votre babillard. Vous n'avez qu'à faire un *reply* au courriel d'alerte que Facebook vous envoie pour que votre message s'affiche sur le site. Bien sûr, il faut d'abord que vous ayez activé les alertes par courriel dans la section «Paramètres du compte/Alertes».

Se faire un nom

Personnaliser son URL de profil et modifier son nom d'utilisateur

Pour personnaliser votre adresse de profil afin de lui donner votre nom (en espérant qu'un homonyme ne l'ait pas fait avant vous), rendez-vous à l'adresse suivante : http ://www.facebook.com/username.

Votre URL deviendra ainsi beaucoup plus facile à reconnaître (la marche à suivre pour une page est expliquée dans le chapitre 11).

Pour modifier votre nom d'utilisateur (c'est le nom qui accompagne votre profil, à ne pas confondre avec l'URL), allez dans les paramètres du compte et cliquez sur «Nom».

Créer des liens

Identifier un ami ou une page dans une publication

Pour identifier un ami dans un statut ou un article que vous rédigez et créer un hyperlien vers son profil, il suffit de faire @ devant son nom. Lorsque vous rédigez votre message, tapez @ et les premières lettres du nom de la personne ou de la page que vous désirez identifier. Facebook affichera les abonnés correspondants au fur et à mesure que vous écrirez. Choisissez l'abonné ou la page de votre choix en cliquant sur sa photo.

Cette action, directement inspirée du mode de fonctionnement de Twitter, permet de créer des liens entre les usagers de Facebook. L'utilisateur qui est «hyperlié» dans un statut en est aussitôt informé sur son babillard.

Encadrez ses amis

Afficher les amis que l'on souhaite sur son profil

Par défaut, la boîte «Amis» située dans votre profil affiche leurs photos de façon aléatoire. Si vous n'aimez pas les jeux de hasard, vous pouvez choisir vous-même qui apparaîtra dans vos cadres. Cliquez sur le crayon à la droite de la boîte et faites votre choix. Vous pouvez aussi modifier le nombre de photos affichées (6, 9 ou 12).

«On veut pas le savoir, on veut le voir!»

Enregistrer des messages vidéo

Vous avez un long message à rédiger, mais vous n'avez pas envie de le taper sur votre clavier? Vous désirez souhaiter un joyeux anniversaire à

un ami en «personne»? Pourquoi ne pas utiliser la fonction de ch@t vidéo de la messagerie Facebook. Sous la boîte de rédaction, cliquez sur la petite icône de caméra. Facebook vous demande alors d'autoriser le site à accéder à votre caméra et à votre microphone. Cliquez sur «Autoriser». Pour enregistrer votre message, appuyez sur le carré rouge. La longueur maximale de la vidéo est de 20 minutes. Vous pouvez lire votre clip avant de l'envoyer ou encore le reprendre en appuyant sur «Réinitialiser».

Parce qu'on a mieux à faire que le ménage

Se débarrasser des *spammeurs*

Quoi de plus désagréable que d'être inondé d'invitations à des «super-méga-party-*full-hot*» et à tous ces événements «que-vous-ne-devez-absolument-pas-manquer»! Pour vous débarrasser de ces messages aussi enrageants qu'envahissants, une petite action s'impose. Ouvrez le courriel et signalez-le comme pourriel en cliquant sur l'onglet correspondant. En théorie, vous ne devriez plus recevoir de message de cet ami.

Devenez un *pusher* de liens

Partager des liens

Vous êtes du genre à publier de nombreux liens de sites, de vidéos ou de musiques sur votre profil? Vous êtes mûr pour le signet de partage Facebook. Il s'agit d'un bouton qu'il est possible de glisser dans la barre de navigation de son fureteur Internet (Firefox, Safari, etc.) et qui permet de

partager rapidement n'importe quelle page Web, même si vous n'êtes pas sur Facebook. Une petite boîte de rédaction permet d'écrire un commentaire pour accompagner le lien. Il est également possible d'utiliser ce signet pour envoyer le lien à ses amis par message Facebook.

Vous trouverez le bouton à l'adresse suivante: http://www.facebook.com/share_options.php.

Quand Facebook étend ses tentacules

Prolonger l'expérience Facebook grâce aux *social plug-ins*

Pourquoi ne pas prolonger l'expérience Facebook sur votre site ou votre blogue et ainsi profiter de l'extraordinaire popularité du réseau social ? Ce serait bête de s'en passer ! Les *social plug-ins* permettent en effet à un utilisateur Facebook de « transporter » son identité sur un site externe et de partager son expérience avec son réseau d'amis. En se connectant à un site qui dispose de l'un ou de l'autre des plugiciels (*plug-ins*) conçus par Facebook, un membre du réseau est automatiquement identifié et associé à son profil (il doit s'être branché sur Facebook préalablement). En plus de voir les activités de ses amis sur le site, chacune de ses interactions est rapportée sur son babillard.

Par exemple, si un utilisateur clique sur l'onglet « J'aime » sous le texte d'un blogue, l'action est automatiquement publiée sur son babillard et le mur de ses amis, avec un lien vers l'article en question (selon ses paramètres de confidentialité). L'avantage pour l'utilisateur est qu'il n'a pas à s'inscrire sur chaque site qu'il visite et qu'il peut partager facilement ses trouvailles, alors que le propriétaire du site gagne en visibilité et en interactivité puisque ce sont les internautes qui se chargent d'en faire la promotion sur leur réseau.

Pour installer ces plugiciels Facebook sur votre site, rendez-vous à l'adresse suivante : http://developers.facebook.com/plugins.

Bannières Facebook
Partagez n'importe où sur le web

Bannière de profil
Partagez vos informations Facebook sur d'autres sites web.

Bannière de photo
Partagez vos photos Facebook sur d'autres sites web.

Bannière d'appréciation
Mettez en avant-plan vos pages préférées sur votre site web ou votre blog.

Bannière de la page
Partagez les informations de votre page Facebook sur d'autres sites web.

Affichez-vous !

Créer une bannière

Facebook offre aussi une série de bannières qu'il est possible d'intégrer sur un blogue ou un site Web. Vous trouverez les codes à l'adresse suivante : http//www.facebook.com/facebook-widgets/.

Vous pouvez notamment obtenir une bannière de profil et une bannière de photos qui vous permettent d'afficher vos dernières photos sur un blogue ou un site Web.

Faire d'une pierre deux coups

Ajouter un onglet Twitter sur son profil et sa page

Vous êtes maintenant un accro de Twitter et vous aimeriez que vos adeptes sur Facebook le sachent et puissent lire vos micromessages sans quitter votre profil ou votre page ? C'est possible grâce à quelques applications, dont celle du développeur Involver.

Cette application gratuite, offerte sur le site de la compagnie (http://www.involver.com/gallery.html), vous permet de créer une section distincte sur votre profil ou votre page, accessible par un onglet identifié à Twitter.

L'avantage est que vos micromessages ne se mêleront pas à vos publications sur votre babillard, ce qui est souvent fort agaçant pour les abonnés.

Facebook

CHAPITRE 11

La page

Pages Facebook

Créez une présence semblable à celle des profils d'utilisateurs pour mieux communiquer avec vos clients et rejoindre leur cercle d'amis.

Créer une page
ou gérer vos Pages existantes

Survol   Préparation   Étape par étape   Rechercher de nouveaux adeptes

Créer une page Facebook
Une Page Facebook est un profil public qui vous permet de présenter votre marque et vos produits aux utilisateurs de Facebook. La création d'une Page ne prend que quelques instants, grâce à une interface très simple. Pour en savoir plus sur les Pages Facebook, téléchargez notre Guide des produits.

Lancez la conversation
Lorsque vos adeptes interagissent avec votre page Facebook, des historiques en lien avec votre page peuvent se rendre jusqu'à leurs amis grâce au fil de nouvelles. Lorsque ces amis interagissent avec votre page, le fil de nouvelles permet au bouche-à-oreille d'atteindre un cercle d'amis encore plus grand.

Mettez-vous en avant
Publicités Facebook : faites passer le mot ! C'est vous qui choisissez les graphiques et le texte de votre publicité, ainsi que le public-cible. Si vous le souhaitez, nous ajouterons même des informations concernant l'interaction de leurs amis avec votre Page Facebook.

Mon public m'aime, et j'aime mon public !

Introduction à la page

Les temps ont bien changé ! Il n'y a pas si longtemps, la seule façon d'exprimer son amour pour une vedette et de recevoir sa dernière affiche autographiée était de devenir membre de son *fan club* ! Ah ! Samantha Fox, que de souvenirs… !

Aujourd'hui, n'en déplaise à monsieur le facteur, le *fan* peut échanger directement avec son artiste préféré grâce à sa page Facebook.

La *fan page* a peut-être perdu le mot «*fan*» en cours de route, mais son rôle, lui, est demeuré entièrement le même : aider à promouvoir une marque (personnelle ou d'affaires) auprès du plus grand nombre d'adeptes possible.

Que vous soyez une personnalité publique, le promoteur d'un produit ou une organisation privée ou gouvernementale, la page est un incontournable sur Facebook. En 2010, on estimait que plus de 3 millions de pages y étaient actives et que l'utilisateur moyen devenait membre d'environ quatre pages par mois. Ce n'est pas pour rien que Facebook passe continuellement son temps à les améliorer.

Pour l'administrateur d'une page, les avantages sont nombreux. Le principal attrait est sans contredit l'absence de limite d'inscriptions – contrairement à un profil, qui impose un maximum de 5000 amis. Vous ne verrez donc jamais une page intitulée *Madame Chose – Désolé complet*, comme c'est si souvent le cas sur le profil privé de certaines vedettes ! L'adepte n'a qu'à cliquer sur l'onglet «J'aime» d'une page pour être automatiquement abonné aux statuts de son artiste ou de sa marque préféré et pouvoir interagir avec sa page. L'administrateur n'a donc pas besoin d'ajouter manuellement des amis, comme sur un profil. Quand vous avez des milliers de demandes d'amitié en attente, ça peut devenir un vrai calvaire !

Ajoutez à cela des statistiques complètes sur les adeptes et leurs interactions, la facilité de les promouvoir grâce aux publicités Facebook et un nombre incalculable d'applications créées sur mesure pour enrichir l'expérience du *fan*, et vous comprendrez pourquoi la page se démarque tant des profils et des groupes (on y reviendra plus loin).

Construire son *fan club*
Créer une page
Voici maintenant comment imiter Lady Gaga, Barack Obama et Vin Diesel, les trois célébrités les plus «aimées» sur Facebook.

Créer une page

Page officielle

Communiquez avec vos clients et adeptes en créant et en maintenant une page Facebook officielle.

Créer une page pour un(e) :

- Entreprise locale
- Marque, produit ou organisation
- Artiste, groupe ou personnalité publique

Nom de la Page : [   ]

(exemples : Summer Sky Cafe, le Trio Jazz Springfield)

☐ Je représente officiellement cette personne, entreprise, groupe ou produit et suis habilité(e) à créer cette Page. Révisez les conditions d'utilisation de Facebook.

[Créer une page officielle]

Page Communauté

Proposez un soutien pour votre cause ou sujet préféré en créant une page de type Communauté. Si elle devient très populaire (attirant des milliers de fans), elle sera adoptée et actualisée par la communauté Facebook.

Nom de la Page : [   ]

(examples : Elect Jane Smith, Recyclage)

[Créer une page Communauté]

Créer plutôt un groupe?

Communiquez directement avec d'autres membres Facebook partageant le même intérêt professionnel ou passe-temps. Créer un groupe Facebook

Pour créer ou administrer une page sur Facebook, vous devez d'abord être membre du site, c'est-à-dire avoir un profil (vous pouvez également effectuer les deux opérations simultanément à partir de l'onglet placé sur la page d'accueil).

Une fois votre compte créé, accédez à la section des pages à l'adresse suivante : http://www.facebook.com/pages (vous pouvez aussi vous y rendre en cliquant sur l'onglet «Créez une publicité» situé à la droite de la boîte de rédaction de votre profil).

Cliquez sur la petite boîte grise «Créer une page» accompagnée du signe +.

Facebook vous propose alors deux choix: créer une page officielle (entreprise, marque, organisation, personnalité, artiste) ou encore une page communauté (soutien à une cause, sujets de discussion). C'est la première qui nous intéresse.

Le choix que vous ferez à l'étape suivante est crucial, Facebook ne permettant pas de changer la catégorie d'une page une fois qu'elle a été créée. Vous avez donc les trois options suivantes :

1. Entreprise locale ;

2. Marque, produit ou organisation ;

3. Artiste, groupe ou personnalité publique.

Lorsque vous choisissez l'une ou l'autre de ces catégories, un menu déroulant apparaît afin de vous permettre de préciser votre choix.

Voici les options que Facebook vous propose pour chaque catégorie.

- **Entreprise locale.** Entreprise locale, immobilier, parc, club, hôtel/hébergement, musée/attraction, centre de congrès et complexe sportif, café, bibliothèque, bâtiment public, centre religieux, automobiles, épicerie, agence de voyages, services professionnels, soins et beauté, restaurant, services de planification d'événements, bar, services bancaires et financiers, éducation.

- **Marque, produit ou organisation.** Produits, pharmaceutique, organisation religieuse, émission de télévision, voitures de location, film, vente au détail, jeu, nourriture et boisson, site Web, services professionnels, hôtel/hébergement, sans but lucratif, aéroport/port/gare, communications, voyages, services/produit technologique, vie domestique, produit de consommation, services financiers, mode, gouvernement, sport/athlétisme, magasin en ligne.

- **Artiste, groupe ou personnalité publique.** Personnalité publique, artiste visuel, représentant du gouvernement, équipe sportive, critique, musicien, politicien, acteur, auteur, mannequin, athlète, humoriste, groupe.

Pour les existentialistes qui se demandent encore : «Qui suis-je ? Et où vais-je dans la vie ?», on vous laisse réfléchir encore un peu à votre choix et on vous invite à venir nous rejoindre plus loin dans le livre, quand vous serez branchés…

Pour les autres, il ne vous reste plus qu'à baptiser votre page en lui versant un peu d'eau bénite sur le front, et le tour est joué ! Une fois encore, choisissez bien son nom, puisqu'il est presque aussi complexe de changer de nom sur Facebook qu'au Bureau de l'état civil !

Afin de devenir l'heureux propriétaire d'une toute nouvelle page Facebook flambant neuve, il vous suffit maintenant de glisser votre curseur sur l'onglet «Créez une page officielle» et d'appuyer tout doucement dessus. Voilà ! Vous venez d'inaugurer votre propre *fan club* !

Vous regrettez votre décision? Vous avez fait une erreur dans vos choix? Vous souhaitez recommencer votre page à zéro? Il n'y a que les fous qui ne changent pas d'idée! Sous la photo de profil, cliquez sur «Modifier: page» et ensuite sur «Supprimer: page». Zip! Tel un tueur à gages professionnel, vous venez d'éliminer votre page discrètement et sans bavure.

Parce qu'on ne peut pas toujours tout faire soi-même

Ajouter et retirer des administrateurs

Même si on n'est jamais mieux servi que par soi-même, il peut parfois être utile de recevoir un coup de main pour administrer sa page. Non mais, c'est de l'ouvrage, ces petites bêtes-là!

Pour ajouter un administrateur sur votre page (maximum de 25), allez dans la section «Modifier: page» et cherchez le mot «Administrateurs» dans la colonne de droite. Cliquez sur «Ajouter». Pour être nommé, celui-ci doit absolument être dans vos amis Facebook. On retire un administrateur en cliquant sur l'onglet prévu à cet effet sous sa photo.

Qui suis-je? Où vais-je?

Rédiger la section Infos

La page étant de nature publique, donc accessible partout sur le Web, elle est facilement indexable par les moteurs de recherche. N'oubliez pas alors d'indiquer dans la section des infos tous les liens de vos sites (blogue, site officiel, LinkedIn, Twitter, etc.) afin que Google et compagnie les «accrochent» au passage.

Pour ce qui est de votre bio, assurez-vous que le premier paragraphe résume votre texte, puisque seules les premières lignes sont affichées par défaut. Il faut obligatoirement cliquer sur l'onglet «Suite» pour lire le reste. Ne vous étendez pas trop dans la rédaction de vos informations personnelles. Vous écrirez votre autobiographie une autre fois! Sur Facebook, on n'a pas toute la journée pour lire!

Souriez! On ne sait jamais!

Bien choisir sa photo

«Une image vaut mille mots», dit-on. Ce dicton s'applique parfaitement à la photo de votre page. C'est elle que vos adeptes verront chaque jour dans leur flux d'activité sous forme de *thumbnail* (vignette) ou qui les accueillera dans une boîte de 200 pixels de large sur votre page. Elle doit donc sauter aux yeux, se démarquer de la masse, attirer l'attention. Il faut presque l'entendre crier: «Youhou! Je suis ici!»

Voici quelques critères à respecter pour maximiser l'impact de votre image.

- Utilisez une photo où l'on vous reconnaîtra au premier coup d'œil et qui permettra de comprendre rapidement qui vous êtes et ce que vous faites dans la vie.

- Optez pour une photo claire, sans trop de fioritures, de logos et de couleurs distrayantes. Elle doit être tout sauf agressante.

- Vous détestez parler à quelqu'un qui ne vous regarde pas dans les yeux? Nous aussi. Regardez donc la lentille!

- Évitez les poses de style magazine: soyez naturel! Votre photo doit favoriser l'échange avec les adeptes. Montrez-vous invitant, entreprenant, accessible, chaleureux, simple et souriant. À trois, on dit: «Cheeeezzzzzze!»

- Assurez-vous que votre visage est visible et qu'il se détache bien du fond de l'image.

- Évitez les photos en pied (de la tête au pied). Sinon, vous aurez l'air d'un lilliputien dans la vignette.

- Évitez les photos floues, mal cadrées, sous-exposées ou surexposées. Utiliser votre webcam n'est pas la meilleure idée.

- Évitez les photos de groupe dans lesquelles il faut vous chercher. La photo de votre page n'est pas l'endroit pour jouer à *Où est Charlie?*

- N'utilisez pas la photo de votre chat, de votre bébé ou de votre nouvelle voiture ; disons-le franchement : ça ne fait pas sérieux !

- Soyez créatif, concevez une photo unique et originale qui va se distinguer des autres.

- Est-ce que vous changez les photos dans vos cadres à la maison chaque semaine ? Non, bien sûr. Eh bien, ne le faites pas sur Facebook non plus ! Laissez vos adeptes s'habituer à votre image avant de la changer, elle doit faire partie de leur décor. Nous conseillons un changement trois ou quatre fois par année.

- Utilisez le maximum d'espace. Facebook autorise les photos de type bannière (200 pixels de large × 600 pixels de haut) sur ses pages, vous seriez bête de vous en passer ! Il vous suffit de créer votre image dans ces dimensions à l'aide d'un logiciel d'édition de photos et de la téléverser sur Facebook. La photo de page de Lady Gaga donne un bon exemple du résultat.

- Recadrez votre miniature (*thumbnail*). Chaque fois que vous changez votre photo de page, Facebook génère automatiquement une image miniature (vignette) qui s'affiche dans le flux d'activité des adeptes et sur votre babillard. Il arrive parfois que le cadrage ne soit pas adéquat. Pour le modifier, il suffit de passer le curseur sur la photo de votre page, de cliquer sur le crayon qui apparaît en haut à droite et de choisir l'option « Modifier la vignette ».

Qu'est-ce qu'on ferait sans les amis !

Recommander sa page à ses amis

Votre page est prête et vous aimeriez qu'on l'aime sans modération ? L'heure est venue de souffler sur les braises et de nourrir le feu ! Votre premier geste sera de convertir vos amis en adeptes. Facebook permet de leur envoyer un message de groupe grâce à l'option « Recommander votre page à vos amis » située sous l'image de la page. La beauté de cette option, c'est que chaque fois qu'un ami devient adepte, un message s'affiche sur son babillard et dans le fil de nouvelles de ses amis, ce qui vous assure une visibilité inespérée. Nous vous suggérons toutefois de ne pas solliciter vos amis trop souvent : vous ne voudriez pas passer pour un harceleur !

Recommander votre page à vos amis vous permettra d'atteindre rapidement le cap des 25 adeptes dont vous avez besoin pour personnaliser l'URL de votre page.

Une question d'adresse !

Personnaliser son adresse URL

Par défaut, une adresse de page Facebook n'est pas particulièrement *sexy*. L'URL contient une longue série de chiffres et de lettres impossibles à retenir et sans aucune personnalité. La bonne nouvelle, c'est que vous pouvez la modifier et lui attribuer votre nom dès que vous atteignez le nombre de 25 adeptes. Vous serez dès lors beaucoup plus facile à trouver sur Facebook et dans les moteurs de recherche, sans oublier qu'une URL courte et personnalisée s'inscrit mieux sur une carte professionnelle ou sur un site Web, ce que nous vous suggérons de faire pour accroître la visibilité de votre page.

Pour changer l'URL d'une page, il faut vous rendre à l'adresse suivante : http://www.facebook.com/username. Choisissez un nom qui se rapproche le plus possible du vôtre (ou de celui de votre entreprise) et hop ! le tour est joué ! Attention, ce choix est définitif !

Parle parle, jase jase

Engager la conversation

Visuellement, ça saute aux yeux : la page ressemble en tout point à un profil d'utilisateur. Et c'est voulu. Facebook souhaite que l'adepte vive sur une page la même expérience que sur le profil de ses amis.

Bien sûr, le principe de la page étant de joindre un vaste auditoire, tout ce que vous y publiez est de nature publique. Il n'est pas possible de restreindre sa visibilité à la manière d'un profil. C'est comme si vous choisissiez le paramètre de confidentialité « Tout le monde ».

Comme sur un profil, vous communiquez avec vos adeptes en publiant du contenu sur votre babillard. Chacune de vos publications apparaît dans leur fil de nouvelles, au milieu de celles de leurs amis. D'où l'importance de

vous adresser à eux de manière naturelle et humaine (plus d'informations là-dessus dans quelques instants).

Voici donc ce qui devrait guider vos conversations sur une page.

• **Arrêtez votre cassette!** La page Facebook est encore trop utilisée comme un outil de promotion traditionnelle. SVP, arrêtez d'écrire vos statuts comme des communiqués de presse! Adoptez un ton naturel, sympathique, accessible. Les utilisateurs qui deviennent des adeptes de votre page veulent se rapprocher de vous, sentir qu'ils sont importants à vos yeux. La dernière chose qu'ils veulent lire, ce sont des textes impersonnels rédigés de façon froide. Laissez votre langue de bois dans son bocal de vinaigre !

- **Engagez la discussion.** Si les utilisateurs réagissent à votre statut, commentent vos photos, publient des liens sur votre page, il serait sympathique de parfois leur répondre. Bien sûr, ce n'est pas possible de le faire pour tous, mais donnez-vous au moins la peine d'engager la discussion avec certains d'entre eux, de remercier un tel, de répondre à la question de l'autre. Vous démontrerez ainsi que vous prenez le temps de lire les commentaires qui vous sont écrits et qu'ils sont importants à vos yeux. Les réseaux sociaux sont synonymes de partage et d'échange. Ça commence de cette façon !

- **Utilisez le point d'interrogation.** Une bonne façon de générer des commentaires sur une page et de vous assurer ainsi que vos statuts se positionnent bien dans le fil de nouvelles de vos adeptes est de faire des sondages. Posez une bonne question à la fin d'un statut ou demandez l'avis de vos adeptes, et vous pouvez être convaincu que les commentaires vont être beaucoup plus nombreux que dans un statut sans point d'interrogation.

- **Devenez un *pusher* de liens.** N'hésitez pas à mettre des liens vers les articles, les vidéos ou les photos qui ont été publiés à votre sujet sur le Web. Soyez votre propre agrégateur de contenu ! Et pourquoi ne pas vous servir de votre page pour présenter des liens que vous jugez intéressants, même s'ils ne concernent pas directement votre produit ou votre marque personnelle. Ça peut être un vidéoclip que vous aimez, une actualité qui vous interpelle, une cause que vous jugez noble. C'est bien beau le *me, myself and I*, mais ça devient un peu fatigant de toujours parler de soi, non ? La variété est l'un des secrets pour garder l'intérêt de ses adeptes.

- **Soyez généreux.** Tout le monde court les concours. Alors, vous avez des billets de faveur pour un spectacle, des échantillons de votre dernier produit à la mode ou encore des articles promotionnels à donner ? Pourquoi ne pas les faire tirer sur votre page ? C'est une façon de récompenser vos adeptes et, du même coup, de vous en faire de nouveaux. Bref, faites-leur un cadeau ! Tout le monde aime le père Noël, non ?

- **Soyez original.** L'humoriste Mike Ward s'est servi de son blogue et de sa page pour recruter les *fans* qui allaient le représenter au Gala Les Olivier 2010. Les Chick'n Swell ont offert une prime aux adeptes de leur page qui s'étaient rendus à un de leurs spectacles. Tous les moyens sont bons pour gâter les gens qui vous aiment. Creusez-vous la tête un peu…

- **Transformez-vous en touriste japonais.** Chaque fois qu'un utilisateur identifie une photo ou une vidéo dans laquelle il figure, l'activité est envoyée automatiquement dans son fil de nouvelles, la rendant visible à tout son réseau d'amis, ce qui peut créer un joli petit effet viral. Des artistes comme Lenny Kravitz l'ont compris. Durant chacun de ses concerts, il sort son appareil photo et mitraille la salle de spectacle en jouant au paparazzi. Il invite ensuite ses *fans* à venir s'identifier sur sa page Facebook. Brillant !

   Vous pouvez utiliser la même stratégie lors d'une conférence, un lancement, une séance de signature ou n'importe quel rassemblement de *fans*.

- **Soyez régulier.** L'une des erreurs les plus fréquentes des utilisateurs des médias sociaux est le manque de constance et de régularité. On comprend que vous ayez bien d'autres choses à faire, mais abandonner sa page pendant plusieurs semaines n'est pas une bonne idée.

- **Choisissez un rythme qui vous convient et respectez-le.** L'idéal serait de publier un statut, une photo ou toute autre activité au moins une fois par semaine. En bas de cette fréquence, il est difficile de créer une véritable relation avec vos adeptes. Le contraire n'est pas mieux. L'administrateur d'une page qui publie vingt fois par jour risque fort de se faire montrer la porte avant longtemps ou encore « Masquer » dans le fil de nouvelles de ses adeptes.

- **Répondez aux critiques.** Comme le chantait Luc De Larochellière dans *Cash City*, « Tout le monde veut que tout le monde l'aime, mais personne n'aime tout le monde». C'est aussi vrai sur Facebook. Il y a fort à parier que vous ou le produit dont vous faites la promotion sur votre page soyez critiqué sur votre babillard un jour ou l'autre. Le premier réflexe est d'effacer le message le plus vite possible avant que les autres adeptes le voient. Erreur. Le Web 2.0 est un territoire où la transparence et la franchise doivent régner. Profitez plutôt de ces critiques pour vous expliquer, justifier vos décisions ou, carrément, avouer vos erreurs (personne n'est parfait, non?). Ça vous rendra encore plus humain. Faites-le de manière polie et civilisée afin de désamorcer la crise, de montrer à vos adeptes que vous êtes capable d'en prendre et que vous contrôlez la situation. En d'autres mots, agissez exactement comme ces pros du service à la clientèle qui réussissent à vous calmer en deux phrases, alors que vous vouliez tout casser!

Cela dit, vous ne devriez jamais tolérer les attaques mesquines et personnelles basées sur le sexe, sur la race, sur votre apparence, etc. Personne ne vous reprochera de les *flusher* sans considération. Pour effacer une publication sur votre babillard, passez la souris à la droite du texte afin de faire apparaître l'onglet «Supprimer». Il est également possible d'effacer un commentaire en cliquant sur le mot «Supprimer» situé juste en bas du texte.

- **Ciblez vos publications.** Vous êtes en tournée et vous désirez envoyer un message aux *fans* d'une province en particulier? Vous ouvrez une nouvelle boutique dans une ville et vous voulez en aviser ses résidents? Facebook vous permet de cibler vos publications par lieux géographiques et par langues. Seuls les adeptes qui correspondent aux critères que vous déterminez pourront voir votre publication.

  Pour choisir votre public, cliquez sur le petit dessin représentant deux personnes à gauche de l'onglet «Partager» dans la boîte de rédaction du babillard. Sélectionnez «Personnaliser» et faites votre choix!

- **Publiez des albums de photos.** Facebook est le paradis du voyeur! Imaginez, on y téléverse plus de 3 milliards de photos chaque mois! Pour une marque ou une personnalité, il est primordial d'utiliser la photo pour communiquer avec ses adeptes. Et pas seulement les photos

officielles. Profitez-en pour montrer une facette méconnue de vous, les coulisses d'un spectacle, la fabrication d'un produit. Vos *fans* ne sont pas vos *fans* pour rien : ils sont intéressés par tout ce que vous faites !

Téléchargez des photos en utilisant l'onglet « Photos » dans le menu de la page et cliquez sur « Créer un album ». Assurez-vous de sélectionner la photo la plus accrocheuse et représentative pour la page couverture de votre album et, surtout, qu'elle est bien cadrée.

Une question de *timing* !

Quand publier

Sur Facebook comme à la télévision, il existe des heures de grande écoute, des moments dans la journée où l'audience est plus nombreuse, donc plus susceptible de réagir à vos publications. Considérant que les trois quarts des abonnés vont commenter une photo, une vidéo ou un statut dans les quelques heures qui suivent sa mise en ligne sur votre page, et qu'ils vont rarement plus loin que leur deuxième ou troisième page de fil de nouvelles, un bon *timing* est souhaitable, si vous ne voulez pas « passer dans le beurre » !

Si vous désirez obtenir l'impact d'une pub du Superbowl avec votre nouveau statut, voici donc quelques périodes-clés à respecter.

• **Le matin.** La majorité des abonnés de Facebook affirment consulter leur flux d'activité en se levant le matin, avant de partir pour le boulot. C'est de loin le moment le plus intéressant pour lancer un sujet de discussion qui va animer votre page pour le reste de la journée.

• **Le midi.** Pour bien des travailleurs, l'heure du lunch est propice à une petite visite éclair sur Facebook. Publier du nouveau matériel un peu avant ce moment vous permettra de joindre une masse critique d'abonnés, sandwich à la main !

• **Le soir.** Les petits sont couchés, la vaisselle est rangée, l'heure de la récré vient de sonner ! À compter de 20 h, Facebook est comme le pont Jacques-Cartier à l'heure de pointe : engorgé ! L'avantage de publier en fin de soirée est que votre matériel a des chances d'être consulté immédiatement, ou le lendemain matin.

Bien sûr, l'heure de publication n'est pas une science exacte. Les abonnés de chaque page réagissent différemment. Pour comprendre votre public, mettez-vous dans ses chaussures, essayez de comprendre son mode de vie. Si vos *fans* sont majoritairement des adolescents, il y a fort à parier qu'ils sont à l'école le jour et que vous avez plus de chances de les joindre le matin, au déjeuner, ou en fin de soirée, après les devoirs. Quoique de plus en plus d'ados vont sur Facebook toute la journée grâce à leur téléphone intelligent…

Lorsque vous aurez atteint les 10 000 abonnés, l'outil de statistiques de Facebook vous permettra d'analyser leur comportement; mais en attendant, le meilleur truc est de surveiller l'heure à laquelle ils réagissent majoritairement à vos publications et d'en faire une moyenne.

Comme si ce n'était pas déjà assez, la journée de la semaine a aussi une importance!

Selon une étude réalisée en 2009 aux États-Unis par ViTrue, une firme spécialisée dans les médias sociaux, la meilleure période pour publier sur une page serait le milieu de la semaine, plus particulièrement le mercredi.

Les journées du lundi et du mardi sont également à conseiller. Les pires journées? Jeudi, vendredi et samedi.

Analyse-moi ça!

Comprendre les statistiques

Imaginez un instant que votre page Facebook soit un magazine. Que feriez-vous pour vous assurer qu'il se démarque de ses concurrents et qu'il ne reste pas sur les tablettes? Certes, la qualité du contenu est primordiale, on l'a vu précédemment. Mais l'autre secret est la connaissance de votre lectorat. Qui sont vos abonnés? D'où viennent-ils? Quel âge ont-ils?

Pour répondre à ces questions, un bon éditeur de magazine va multiplier les études de marché et les sondages. La bonne nouvelle, c'est que vous pouvez obtenir le même genre de données sans même lever le petit doigt!

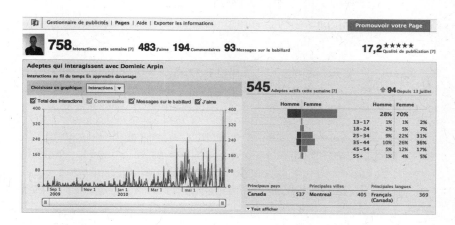

En effet, les administrateurs de page ont un outil formidable entre les mains afin de découvrir le visage et les habitudes de leurs adeptes : la page des statistiques.

Vous trouverez un aperçu des vôtres dans la colonne de gauche de votre page, sous la boîte «Renseignements». Seuls les administrateurs de la page peuvent voir ces informations.

Deux chiffres, en caractères gras, y sont affichés bien en évidence :

• **Qualité des publications.** Ce chiffre est accompagné d'une série de cinq étoiles. Selon Facebook, ce score est déterminé par «le pourcentage de vos adeptes qui interagissent avec le contenu que vous publiez sur votre page. Ce pourcentage est calculé sur une base continue de sept jours. Le nombre d'étoiles dépend de la qualité de ce que vous publiez en comparaison avec d'autres pages». Comme dans le cas de la critique d'un film dans les journaux, plus vous avez d'étoiles, plus la qualité de vos publications est considérée comme bonne.

• **Interactions cette semaine.** Selon Facebook, «une interaction se produit quand un *fan* écrit sur votre babillard, commente vos actualités ou aime votre contenu». C'est le total de ces actions, cumulé sur sept jours, qui est affiché sur votre page. Bien sûr, plus ce chiffre est élevé, plus vos adeptes vous signifient qu'ils ont un intérêt pour votre contenu.

Pour en savoir plus sur vos statistiques, cliquez sur «Tout afficher» en haut à droite de la boîte.

Quatre tableaux peuvent alors être consultés. Les deux premiers dressent le portrait des abonnés qui interagissent avec votre page, alors que les deux autres vous présentent une vue d'ensemble de tous vos abonnés.

Il est important de noter la différence entre ces deux statuts. Un abonné actif en est un qui réagit à vos publications, qui prend le temps de vous écrire un commentaire ou de publier un message sur votre page. C'est un «super *fan*» sans qui votre page aurait l'air morte. Prenez-en bien soin !

1. Le tableau situé en haut à gauche vous permet de voir un graphique des interactions sur votre page depuis sa création. Il est possible d'isoler les données concernant les commentaires, les messages sur le babillard et les «J'aime» en cochant la case appropriée. Un menu déroulant vous offre aussi la possibilité de visualiser un graphique des interactions par publication, de la qualité des publications, des publications, des messages de discussion, des critiques et des mentions.

Ce tableau vous donne la possibilité de vérifier rapidement votre courbe de popularité. À la Bourse comme sur Facebook, on mesure une bonne performance par une hausse des pics de votre graphique… Pour visualiser une période précise, déplacez les deux petits blocs gris dans la barre située sous le tableau.

2. Combien de personnes ont interagi avec votre page dans la dernière semaine? De quel sexe sont-elles? Et dans quelle tranche d'âge se situent-elles? C'est ce que le tableau en haut à droite vous révèle. Vous pouvez aussi y apprendre le principal pays, la principale ville et la langue première de vos adeptes. Ces données vous permettront de vous faire une bonne idée de vos *fans* les plus fidèles.

3. Le tableau situé en bas à gauche vous montre la progression de vos abonnements depuis la création de votre page. Vous pouvez aussi vous en servir pour connaître le nombre d'adeptes qui ont masqué

votre page dans leur fil de nouvelles, un geste qui équivaut à vous rendre invisible. Assurez-vous de garder ce nombre le plus bas possible ! Un onglet déroulant vous permet enfin de connaître les pays d'origine de vos adeptes et leur démographie, les désinscriptions et les réinscriptions, les visionnements de vidéo ainsi que la consultation de photos.

4. Le dernier tableau, en bas à gauche, présente le portrait de vos abonnés, c'est-à-dire leur sexe, leur âge, leur pays, leur ville de résidence et la langue qu'ils parlent. Assurez-vous de cliquer sur le minuscule onglet «Tout afficher» pour faire apparaître tous les détails.

Il est bon de savoir que Facebook envoie aussi un résumé de ces statistiques aux administrateurs de page, chaque semaine, par courriel. Le rapport indique notamment le nombre de visites hebdomadaires par rapport à la semaine précédente, une bonne façon de voir si l'intérêt pour notre page stagne, augmente ou décline. Pour recevoir ce rapport, assurez-vous de cocher la case appropriée dans la section «Alertes» que vous trouverez dans «Paramètres du compte». Il est aussi possible de télécharger une version Excel du rapport en cliquant sur l'onglet «Exporter les informations» situé en haut de la page des statistiques.

Analyse-moi ça... encore plus !
Facebook Insights

Vous n'êtes pas rassasié ? Vous voulez plus de chiffres ? Vous avez sans doute des gènes de comptable ! Question de satisfaire votre soif de statistiques, rendez-vous sur la section Insights de votre page à l'adresse suivante : http://www.facebook.com/insights. C'est une vraie caverne d'Ali Baba de données !

Vous y trouverez des informations similaires à celles de la section «Statistiques», par exemple les interactions sur votre page et les nouveaux adeptes, en plus de voir en détail ce que vos adeptes font une fois sur votre page, comme le visionnement de vidéos, l'affichage de photos ou la lecture de votre babillard. Parce qu'un administrateur averti en vaut deux !

« On a mis quelqu'un au monde, on devrait peut-être l'écouter ! »

Permettre ou non de publier sur son babillard

Comme on l'a vu précédemment, il est possible d'interdire à ses amis de publier sur son babillard. La même chose s'applique aux pages. Vous pouvez décider si vos adeptes ont le droit ou non d'écrire sur votre mur ou d'y afficher des photos, des vidéos et des liens. Pour effectuer votre choix, cliquez sur l'onglet « Paramètres » sous la boîte de rédaction.

À moins d'avis contraire, il est conseillé de permettre à ses adeptes de publier sur sa page afin de renforcer leur sentiment d'appartenance et de favoriser la proximité avec eux. C'est un peu comme si un club d'admirateurs traditionnel interdisait aux *fans* d'écrire à leur vedette préférée ! Vous pouvez cependant déterminer de quelle façon leurs « lettres parfumées » seront vues par les autres adeptes lorsqu'ils arriveront sur votre babillard.

La page offre trois options pour l'affichage du babillard : « La page + autres », « La page » et « Seulement les autres ». Si vous choisissez la première option, vos publications et celles de vos adeptes seront présentées ensemble sur le babillard, en commençant par la plus récente, en haut. Ça peut être pratique dans le cadre d'une campagne sociétale qui cherche à recueillir des témoignages et des opinions afin de créer de l'activité sur sa page, mais c'est beaucoup moins pertinent pour quelqu'un qui veut gérer sa marque. Si vous avez de nombreux adeptes, vos messages seront immanquablement noyés dans ceux de vos *fans*. Ils seront par le fait même plus difficiles à trouver et à lire, diminuant du même coup leur portée. Bon, ça permet peut-être de camoufler que vous écrivez peu sur votre page, mais ça, c'est une autre histoire !

L'option « La page » vous permet de mieux contrôler l'apparence de votre babillard. Seules vos publications apparaissent sur le mur, celles de vos adeptes étant reléguées dans la section « Seulement les autres » à laquelle vous accédez en cliquant sur un onglet situé sous la boîte de publication. Bref, vous permettez à l'adepte de publier sur votre page (il est content), mais vous priorisez d'abord vos publications (vous êtes content).

Soit dit en passant, vous pouvez aussi désactiver la fonction de commentaires de votre page, empêchant du même coup les adeptes de commenter vos publications. Mais on se demande vraiment à quoi bon avoir une page publique aussi fermée que ça !

Parce qu'on n'a pas toute la journée !

Recevoir des notifications de publication : un truc

Nous l'avons déjà dit, il est facile de garder un œil sur les commentaires et les publications qui sont écrits sur le babillard de notre profil privé grâce au système d'alertes par courriel et par SMS. Allez savoir pourquoi, Facebook ne permet pas de recevoir ces notifications sur une page. L'administrateur doit donc aller continuellement sur la sienne pour vérifier manuellement si de nouvelles publications d'adeptes s'y trouvent. Un peu ridicule !

En attendant que Facebook se décide enfin à offrir cette option, voici de petits trucs qui vous permettront de surveiller à distance les interactions sur votre page.

- **Aimez-vous vous-même !** La légende urbaine veut que si on clique sur «J'aime» de sa publication ou si on la commente soi-même, les commentaires ajoutés par la suite nous seront envoyés (si on s'est abonné à cette alerte, bien sûr). Eh bien, sachez qu'en plus d'être gênant de s'aimer soi-même, ça ne marche pas ! Évitez-vous cette petite honte…

- **Fan Page Notifier.** Il s'agit d'une petite application développée par un programmeur grec qui permet de recevoir un courriel chaque fois qu'un adepte publie du contenu sur notre page. Ça ne fonctionne toutefois pas avec les commentaires. Vous pouvez télécharger l'application gratuite à l'adresse suivante : http://fanpagenotifier.com.

- **HootSuite.** Ce tableau de bord qui donne la possibilité de gérer plusieurs comptes simultanément est une vraie merveille. Il permet de voir le nombre de commentaires publiés sous un statut, de les lire et d'y répondre sans jamais quitter l'application. Tout simplement magique ! Et gratuit ! Vous pouvez le télécharger à cette adresse : http://hootsuite.com.

Jouer au promoteur

Créer un événement

L'application «Événement» est sans doute l'une des plus belles de Face-book. Elle vous permet de ne plus rien manquer des événements impor-tants qui se tiennent dans votre ville ou dans votre réseau d'amis. Vous avez une promotion à annoncer, un nouveau spectacle à vendre ou un rappel pour une émission de télé à faire (on sait de quoi on parle!), cette application est ce qu'il vous faut. Lorsque vous créez un événement de cette façon, tous vos amis et adeptes le reçoivent par courriel et peuvent confirmer ou non leur présence.

Pour créer un événement, cliquez sur le petit dessin de calendrier situé dans le menu de la page (ou rendez-vous dans les paramètres de page). Remplissez ensuite les cases d'infos (date, lieu, heure, etc.), et n'oubliez pas d'ajouter une photo d'événement afin de personnaliser votre message et de vous assurer qu'il est vu.

Comme chaque adepte peut partager un événement avec son groupe d'amis (qui ne sont pas nécessairement vos adeptes), la création d'événe-ments peut générer un effet viral fort intéressant pour l'administrateur d'une page. Nous vous conseillons cependant de ne pas en abuser. Rece-voir plusieurs messages d'événement de la même page chaque semaine peut provoquer une «écœurantite» aiguë chez l'adepte!

Visez. Tirez.

Envoyer un message ciblé

C'est bien beau de rédiger des publications sur votre babillard, mais quand on sait le nombre de nouveaux statuts qui déboulent dans le fil de nou-velles de certains utilisateurs, il y a parfois de bonnes chances que votre dernier statut passe inaperçu.

Pour les messages vraiment importants, ceux que vous désirez à tout prix que vos adeptes reçoivent, il y a l'envoi de mises à jour. Il s'agit de l'équivalent d'un courriel que tous vos abonnés, ou seulement ceux que vous ciblez, recevront dans leur boîte de messagerie, dans une sous-section intitulée «Mises à jour».

Pour envoyer une mise à jour, allez dans les paramètres de votre page (« Modifier : page ») et cherchez l'image d'une lettre postale dans la colonne de droite (« Envoyer une mise à jour aux adeptes »). Vous pouvez cibler votre message selon le sexe, l'âge et la localité, et y ajouter une vidéo, une photo et un lien.

Il n'est pas garanti cependant que votre message soit lu. Les mises à jour ne sont pas particulièrement évidentes à trouver et beaucoup d'utilisateurs ne se donnent même pas la peine de les vérifier.

Allez, ouste !

Chasser les *spammeurs*

Votre page est populaire et compte des milliers d'abonnés ? Vous avez pris la décision de permettre à vos adeptes de publier des photos, des vidéos, du texte et des liens sur votre babillard ? Soyez assuré qu'il ne faudra pas beaucoup de temps avant que certains d'entre eux tentent de profiter de votre popularité pour promouvoir leurs produits. Appelons-les polluposteurs (*spammeurs*) !

Régulièrement, vous les verrez apparaître sur votre babillard et annoncer leurs produits et services de façon répétée et abusive. Pour les effacer de votre mur et, encore mieux, les rayer de votre existence, voici un petit truc.

Sous la publication du *spammeur*, cliquer sur l'onglet « Signaler ». Elle sera aussitôt supprimée.

Si vous désirez aller plus loin et effacer toutes ses publications précédentes et le bannir de votre page, cliquez à nouveau sur « Signaler » dans le message que Facebook vient d'afficher et suivez les instructions.

Ce truc peut aussi être utilisé pour se débarrasser des trolls, ces emmerdeurs qui viennent sur une page pour vous insulter et foutre le bordel. Nous vous souhaitons sincèrement de ne pas en rencontrer trop souvent sur votre route…

Et vive la promotion croisée!

Les pages favorites

Vous avez plus d'une page et vous aimeriez amener vos adeptes respectifs à les visiter? L'option «Pages favorites» s'avère fort intéressante. Elle permet d'afficher l'image et l'hyperlien d'une page sur une autre page, la popularisant du même coup auprès de vos abonnés.

Pour utiliser cette option, cliquez sur l'onglet «Ajouter à mes pages favorites» sous l'image de la page. Facebook vous demandera de choisir celle dans laquelle vous souhaitez l'ajouter. Une fois votre choix fait, l'image de la page apparaîtra dans une section intitulée «Pages préférées» dans la colonne de gauche.

Personnalisez votre porte d'entrée!

Créer une page d'accueil unique

Par défaut, toutes les pages sur Facebook sont configurées de façon qu'un nouveau visiteur atterrisse sur le babillard. Si ce réglage a l'avantage de plonger l'abonné au cœur de la discussion que vous entretenez avec vos *fans*, il ne permet pas de vous démarquer et d'afficher vos couleurs dès le début. Sur Facebook, comme dans la vraie vie, la première impression est capitale!

Si vous préférez que vos adeptes voient votre section «Infos» ou «Photos» ou «Vidéos» en premier, voici comment faire.

Allez dans la section «Modifier : page» et cliquez sur l'onglet «Modifier» de la boîte «Paramètres du babillard».

Dans le menu déroulant du paramètre «Onglet par défaut pour tous les autres», choisissez la section de votre goût. Voilà ! Tout nouveau visiteur qui débarquera sur votre page atterrira obligatoirement sur cette section. S'il devient adepte en cliquant sur «J'aime» dans votre page, il sera dirigé vers votre babillard lors de sa prochaine visite.

Bien peu de gens le savent, mais Facebook permet aussi de créer une page d'accueil personnalisée pour les pages. Vous pouvez y mettre de la vidéo, des photos, un sondage, un énorme bouton «J'aime». En d'autres mots, vous pouvez choisir la couleur et les motifs qui sauteront aux yeux de votre invité à son arrivée chez vous !

Le groupe U2 s'est notamment servi d'une page d'accueil personnalisée pour faire la promotion de son DVD *U2 360° at The Rose Bowl*. Pour en voir des extraits, l'utilisateur devait obligatoirement devenir adepte de la page, une astuce qui a dû convaincre bien des gens.

Bref, c'est bien beau les murs blancs et le bleu pâle de Facebook, mais ça vient lassant à la longue !

Voici donc comment capter l'attention de vos nouveaux visiteurs dès les premières secondes et les convertir en adeptes.

1. Accédez au répertoire des applications de Facebook à l'adresse suivantes : www.facebook.com/apps.

2. Dans la boîte de recherche, en haut à gauche, entrez les lettres FBML et lancez la recherche.

3. Cliquez sur l'application FBML statique. Comme l'indique sa description sur Facebook, «cette application ajoute un espace à votre page dans lequel vous pouvez obtenir un rendu en HTML ou en FBML (langages propres à Facebook) pour une meilleure

personnalisation de la page» (plus de détails là-dessus dans quelques instants)

4. Une fois sur la page de FBML statique, cliquez sur l'onglet «Ajouter à ma page».

5. Choisissez la page sur laquelle vous désirez ajouter l'application (si vous en avez plusieurs).

6. Retournez sur votre page et cliquez sur l'onglet «Modifier: page» situé sous votre photo. Vous trouverez l'application FBML statique tout en bas.

7. Cliquez sur l'onglet «Modifier» situé sous le nom de l'application.

8. Deux cases blanches s'offrent maintenant à vous. Celle du haut vous permet de donner un titre à votre boîte. C'est lui qui sera visible dans la barre de menu de votre page. Inscrivez-y ce qui vous semble le plus pertinent.

9. La seconde case blanche est plus problématique. Elle sert à programmer ce qui apparaîtra sur votre page d'accueil: du texte, une photo, une vidéo, une animation, etc. Malheureusement pour les non-*geeks*, il faut au moins connaître les rudiments des langages HTML ou FBML (les langages de programmation développés par Facebook) pour arriver à fabriquer quelque chose de potable.

Des livres entiers leur sont consacrés, et l'objectif de ce guide n'est pas de faire de vous des programmeurs émérites. Pour ceux et celles qui se sentent d'attaque, nous vous suggérons de consulter des sites spécialisés (tapez «FBML statique» dans Google), de faire appel à un programmeur professionnel, ou encore de tester les connaissances de votre beau-frère qui n'arrête pas de se vanter d'être un *king* sur le Web...

10. Lorsque votre code est entré, appuyez sur «Enregistrer les modifications».

11. Retournez dans la section «Modifier» de votre page, et cliquez sur l'onglet «Paramètres de l'application FBML». Assurez-vous que le mot «Ajouter» est coché à côté de «Onglet».

12. Pour voir le résultat de votre «création», retournez sur votre page et cliquez sur le nouvel onglet qui devrait avoir été ajouté dans votre barre de menu. Pour faire des modifications, retournez à l'étape 7.

13. Satisfait de votre travail? Vous n'avez plus qu'à en faire votre page d'accueil, comme nous l'avons expliqué précédemment.

Faites votre cinéma maison

Ajouter son compte YouTube

Vous avez un compte sur YouTube et vous aimeriez que vos adeptes puissent voir les vidéos que vous y avez téléversées en restant sur Facebook? Il existe des applications pour ça! Vous les trouverez dans le répertoire des applications Facebook (http://www.facebook.com/apps) en tapant You-Tube dans le moteur de recherche. Il suffit de télécharger celle qui vous convient et d'ajouter l'onglet dans le menu de votre page.

Contournez la machine

Commenter et laisser un lien vers sa page

Commenter un statut ou rédiger une publication sur une page ultra-populaire est une façon comme une autre de se faire connaître et d'attirer l'attention sur soi. Le problème, c'est qu'une page ne peut pas commenter une autre page: seuls la photo et le nom de l'administrateur apparaissent à côté du texte. Il y a toutefois un moyen d'ajouter un lien vers votre page en signant votre publication à l'aide du @ suivi du nom de votre page (vous devez d'abord l'avoir «aimée»). Vous avez raison, c'est un peu ratoureux comme technique! Nous vous conseillons d'ailleurs de vous en servir seulement quand vous avez quelque chose de vraiment pertinent à écrire. Sinon, on vous accusera de vouloir vampiriser le succès des autres ou, pire, de *spammer*.

Faire deux choses en même temps

Lier votre compte Facebook à Twitter

Entretenir sa page Facebook consciencieusement demande du temps et de l'énergie. Vous l'avez sans doute réalisé à ce stade-ci. Alors, comment diable alimenter le petit dernier, Twitter, sans risquer l'épuisement professionnel ou un divorce?

En faisant exactement le contraire de ce que votre mère vous a toujours conseillé: faire deux choses en même temps!

Il a été question dans la section sur Twitter d'outils de gestion parfaitement conçus pour gérer plusieurs réseaux sociaux à la fois, mais voici un autre truc fort simple. Grâce à l'application Twitter, conçue par Facebook, vous pouvez partager vos mises à jour de statuts, vos photos, vos articles ou vos événements sur Twitter, sans jamais quitter votre page!

Pour synchroniser les deux sites, rendez-vous à l'adresse http://www.facebook.com/twitter et autorisez Facebook à accéder à votre compte Twitter. Vous devrez alors déterminer ce que vous désirez y lier (statuts, photos, liens, articles, événements).

Il est important de savoir que si vous excédez la limite des 140 caractères de Twitter (celle de Facebook est de 420), votre message sera automatiquement coupé et un hyperlien vers le reste de votre texte sur Facebook sera publié dans votre micromessage.

Le désavantage de cette application est que toutes vos mises à jour sur Facebook sont automatiquement publiées sur Twitter, même si elles ne font pas nécessairement de bons tweets. Soyez-en conscient.

L'autopromotion, ça ne coûte pas cher !

Créer une boîte d'appréciation pour son site Web

Vous avez un blogue ou un site Web ? Pourquoi ne pas vous en servir pour inviter vos visiteurs à devenir des *fans* de votre page !

Facebook a conçu une boîte d'appréciation qu'il est possible d'installer sur son site afin de populariser sa page. Ses avantages sont nombreux. Elle permet à vos visiteurs de savoir que vous avez une page, de voir une partie de vos *fans*, de lire vos derniers statuts et, surtout, de devenir adeptes de votre page directement de votre site.

Voici comment configurer cette boîte et l'intégrer à son site.

1. Rendez-vous à l'adresse http://developers.facebook.com/plugins et cliquez sur « Like Box ».

2. Choisissez l'apparence de la boîte (largeur, publication des mises à jour ou non, nombre d'adeptes affichés, etc.).

3. N'oubliez pas d'inscrire le code de votre page (Facebook page ID). Si vous ne l'avez pas encore personnalisée, le code est la série de chiffres qui suit la barre oblique dans l'URL de votre page. Par exemple, dans l'adresse www.facebook.com/123456789, les chiffres 123456789 constituent le code de la page.

Si vous avez modifié le nom de votre page, le code ID est un peu plus difficile à trouver. La manière la plus simple est de faire un clic droit de la souris sur votre photo de page, d'afficher les propriétés et de repérer le flux de la page. Il s'agit de la série de chiffres qui suit id=.

4. Cliquez sur « Get Code ».

5. Vous n'avez plus qu'à copier et à coller le code dans votre site.

CHAPITRE 12

Le groupe Facebook

Les frères siamois

Introduction

Imaginons un instant que la page et le groupe sur Facebook soient deux frères jumeaux. En apparence, ils ont tout l'air d'être identiques. Même carrure, même couleur, même style. Côté personnalité cependant, ils sont aux antipodes ! Alors que le premier assume parfaitement son côté narcissique (*me, myself and I*), l'autre privilégie la substance et le contenu. Le superficiel et l'intellectuel, quoi !

Bref, ils ont beau se ressembler comme deux gouttes d'eau, la page et le groupe Facebook ont des philosophies fort différentes. Si la première est conçue davantage pour favoriser une communication du style «je» (moi ou ma marque) vers «eux» (les adeptes), le groupe est plutôt construit autour du «nous» (les membres d'une communauté). On crée donc une page pour faire son autopromotion, alors qu'on crée un groupe pour rassembler des gens qui ont une passion commune autour d'un sujet ou d'une cause, pour dénoncer une situation ou pour lancer un débat.

Si les rôles diffèrent, il en va de même des fonctionnalités. Disons-le franchement, le groupe souffre de la comparaison. Il ne supporte par les applications, ne dispose pas de widgets, n'offre pas de statistiques à ses administrateurs, et il est impossible de personnaliser son URL.

N'empêche, le groupe est un formidable outil pour s'informer, sensibiliser et échanger avec autrui.

Lancez le débat !

Créer un groupe

Pour créer un groupe, cliquez sur le lien « Groupes » situé dans la colonne de gauche de l'accueil. S'il ne s'y trouve pas, ajoutez-le en vous rendant dans la section des paramètres des applications (dans le menu déroulant « Compte » en haut à droite de la page). Cliquez ensuite sur « Modifier les paramètres » à côté de « Groupes », puis sur « Signet » et finalement cochez la case « Ajouter groupes aux signets ». Vous pouvez aussi créer un groupe en vous rendant directement à cette adresse : http://www.facebook.com/groups/create.php.

Une fois sur la page de création du groupe, vous devrez lui trouver un titre, le décrire et choisir son type (affaires, musique, intérêt commun).

Un peu comme votre profil, le groupe offre des paramètres de confidentialité particulièrement étoffés. Votre première décision est de déterminer si vous voulez le rendre accessible à tous, le restreindre ou le garder secret. Voici ce que ça veut dire.

- **Ouvert à tous.** N'importe qui peut se joindre au groupe et le consulter.

- **Restreint.** Les administrateurs doivent approuver les demandes d'ajout des membres. Tout le monde peut consulter la section des infos du groupe, mais seuls les membres peuvent voir le babillard, les photos, les vidéos et le forum de discussion.

- **Secret.** Le groupe n'apparaîtra pas dans les moteurs de recherche. Comme dans le cas d'un club sélect, on s'y joint par invitation seulement. Seuls les membres peuvent voir les informations du groupe.

Une fois ce premier choix effectué, il vous reste à régler les actions que vous permettez aux membres. C'est à vous de décider s'ils peuvent ou non écrire sur le babillard, publier des photos, ajouter des vidéos et des liens.

Voilà, il ne vous reste plus qu'à inviter vos amis et commencer à refaire le monde !

Facebook

CHAPITRE 13

La publicité Facebook

Publicités Facebook
Atteignez plus de 400 millions de personnes là où elles se connectent et partagent

Créer une publicité
ou gérer des publicités existantes

Vue d'ensemble   Études de cas

Touchez vos clients cibles
- Connect with more than 400 million potential customers
- Choose your audience by location, age and interests
- Test simple image and text-based ads and use what works

Deepen Your Relationships
- Promote your Page de Facebook or website
- Use our "Like" button to increase your ad's influence
- Build a community around your business

Control Your Budget
- Définissez le budget journalier qui vous convient
- Adjust your daily budget at anytime
- Choose to pay only when people click (CPC) or see your ad (CPM)

Annoncez-vous !

Créer une publicité

Vous avez un événement à annoncer, un nouveau produit à promouvoir, un site Web à faire découvrir ? Vous souhaitez tout simplement crier sur tous les toits que vous avez une nouvelle page et vous aimeriez que les gens s'y abonnent ? Si vous avez un petit (ou un gros) budget à y consacrer, la publicité sur Facebook est assurément une option à ne pas négliger. Sa grande force réside dans le ciblage d'abonnés qu'elle permet et le

145

contrôle en temps réel de ses paramètres. Vous cherchez à joindre tous les amateurs de chats de Châteauguay pendant une période de trois jours en novembre? Facebook va vous aider à les trouver!

Pour créer une publicité, rendez-vous d'abord à l'adresse suivante: http://www.facebook.com/advertising.

Une fois dans cette section, cliquez sur l'onglet «Créer une publicité». Voici ce qu'il faut savoir pour jouer au publicitaire sur Facebook.

• **L'URL de destination.** Facebook vous permet de mettre essentielle-ment deux types de lien dans ses publicités: interne ou externe. Si vous souhaitez diriger les abonnés vers un site externe, comme votre blogue ou votre site officiel, entrez l'adresse dans la case correspondante. Pour ceux qui veulent plutôt se servir de leur publicité pour annoncer un truc sur Facebook, comme leur page, cliquez sur la ligne «Je veux promou-voir quelque chose sur Facebook».

• **Le titre.** Le titre de votre publicité ne doit pas dépasser 25 caractères. Optez pour un titre accrocheur, le plus court possible.

• **Le corps du texte.** C'est ici que vous rédigez l'objet de votre publicité. Une fois encore, ce n'est pas le temps d'écrire un roman. Le maximum est de 135 caractères. Tiens, c'est presque l'équivalent d'un micromes-sage sur Twitter!

• **Les images.** C'est ici que vous mettez votre logo ou une photo de l'objet que vous voulez promouvoir. Optez pour une image qui captera l'attention.

• **La cible.** Grâce aux informations personnelles que les abonnés inscri-vent volontairement sur Facebook, le site est en mesure d'offrir à ses annonceurs un profilage d'une précision stupéfiante. À vous d'en profi-ter! Le pays d'origine, la ville de résidence, le sexe, la situation amou-reuse, les centres d'intérêt et l'âge de votre public cible ne sont que quelques-unes des données disponibles. En choisissant des critères pré-cis, vous vous assurez que votre publicité sera vue par les abonnés qui sont les plus susceptibles d'avoir un intérêt pour vous ou votre produit.

Un photographe spécialisé dans les mariages pourrait, par exemple, cibler les femmes fiancées de sa région. Un humoriste de la relève qui part en tournée dans les bars de la province aurait tout intérêt à le laisser savoir aux jeunes de chacune des villes qu'il compte visiter.

C'est ici que les statistiques de votre page prennent tout leur sens. Si vous savez que celle-ci est populaire chez les hommes de 25 à 34 ans, il peut être intéressant de cibler principalement cette clientèle dans vos publicités.

Chaque fois que vous sélectionnez un critère, Facebook vous montre la portée approximative qu'aura la publicité en nombre de personnes. Plus vous ajoutez de critères, plus le nombre décroît. Soyez précis, mais pas trop !

Ah oui, pour ceux que ça intéresse, il y a moins de 6000 personnes qui aiment les chats à Châteauguay !

• **CPM ou CPC.** Facebook offre deux types de tarification pour ses publicités.

CPM signifie « coût par mille impressions ». En gros, vous payez chaque fois que votre publicité est affichée, peu importe qu'elle suscite ou non une interaction de l'abonné. Cette option est idéale pour quelqu'un qui veut populariser une marque et se faire voir le plus possible. Facebook exige un budget quotidien d'au moins un dollar.

CPC signifie « coût par clic ». Dans ce cas-ci, vous payez chaque fois qu'un abonné clique sur votre publicité. Si vous souhaitez que les gens s'abonnent à votre page, visitent votre site Web ou s'inscrivent à un événement, c'est le choix par excellence. Si vous optez pour un budget de 20 $ par jour et que vous offrez de payer 10 ¢ par clic, vous êtes en mesure d'espérer que 200 utilisateurs cliquent sur votre lien.

Que ce soit en CPM ou en CPC, Facebook vous propose un tarif pour afficher votre publicité. Vous devez choisir l'offre qui vous convient entre le minimum et le maximum suggérés. En d'autres mots, vous devez miser sur une valeur d'affichage. Miser sur la valeur maximum vous garantit que votre publicité sera affichée avant celle d'un concurrent qui cherche à joindre le même public. Comme à l'encan !

Garder l'œil ouvert

Gérer sa publicité

Ce n'est pas évident de modifier une publicité télé une fois qu'elle a été tournée et présentée en ondes. Même chose pour la pub dans les journaux et à la radio. Lorsqu'on réalise que le message ne passe pas, il est tout simplement trop tard ! Sur Facebook, rien de plus simple. Vous pouvez apporter des correctifs et changer les critères d'affichage à tout moment.

Pour gérer les publicités que vous avez créées, retournez à l'adresse http://www.facebook.com/advertising et cliquez sur la ligne «Gérer des publicités existantes» sous l'onglet vert «Créer une publicité». Toutes vos publicités y sont affichées ainsi que les statistiques s'y rattachant (nombre d'impressions, nombre de clics, CPC moyen, etc.). Cliquez sur la publicité de votre choix et modifiez les options que vous jugez inadéquates. Il est recommandé de garder l'œil ouvert pour vérifier la performance de ses publicités et de les changer régulièrement afin de maximiser leur impact.

Pour tout savoir sur la publicité Facebook, nous vous suggérons la lecture de la section qui y est consacrée sur le site, à l'adresse suivante : http ://www.facebook.com/adsmarketing.

Conclusion

De « Dis-moi qui tu es » à « Dis-moi où tu es »

La géolocalisation

Que nous réserve l'avenir ? Est-ce que tous ces réseaux seront encore en ligne dans deux, cinq, dix ou quinze ans ? Nous ne sommes pas des devins. Parce que tout bouge trop vite sur le Web, il est impossible de prédire le futur. Facebook ou Twitter feront-ils partie de quelque chose de plus grand qu'eux d'ici quelques années ? Alors que Facebook devenait, en mai 2010, le site le plus fréquenté de la planète avec plus de 580 milliards de pages vues, deviendra-t-il le nouveau géant du Web, remplaçant peut-être même Google et ses multiples partenaires ? Nous aimerions bien le savoir et investir dans ces entreprises avant que leurs actions s'emballent. Il est à peu près impossible de garantir qui sera le prochain gros joueur sur la planète du Web social. Mais une chose est certaine, nous pouvons d'ores et déjà avancer que la géolocalisation sera la grande tendance de 2011.

Nous l'avons vu précédemment, l'avènement de la géolocalisation reconstruit le paysage des grands réseaux sociaux. Les premiers joueurs dans l'échiquier, Foursquare et Gowalla, se partagent pour l'instant la grande part du gâteau. Mais Twitter, qui vient tout juste d'intégrer la géolocalisation dans ses services (juin 2010), et Facebook, qui a lancé «Lieux» à l'automne 2010, pourraient venir brouiller les cartes. Mais pourquoi tant d'engouement pour cette mode ? Et est-elle passagère ?

La géolocalisation permet, grâce aux réseaux sociaux et à la technologie cellulaire, de suivre «à la trace» un utilisateur et de noter ses différents déplacements. Contrairement à Twitter qui tarde à trouver un modèle d'affaires viable, ces réseaux semblent déjà sur la voie de la réussite financière en donnant la possibilité à des annonceurs de proposer des offres spéciales à leurs utilisateurs sur leur téléphone intelligent, dans l'environnement géographique où ils se trouvent. De façon plus concrète, imaginez que vous mangez dans un restaurant et que vous cherchez un endroit où sortir par la suite. En signalant votre présence dans cet endroit par l'intermédiaire de Foursquare ou de Gowalla, vous pourriez recevoir une offre spéciale, ou une réduction pourrait vous être automatiquement envoyé pour le film de fin de soirée au cinéma du coin.

Nous avons aussi mentionné précédemment que certaines entreprises, comme la boutique Point G, à Montréal, offrent au «maire Foursquare» de l'endroit des récompenses hebdomadaires. Après l'entente de Foursquare-NBC et celle de Foursquare-Pepsi, c'est au tour du géant Starbucks de profiter de la vague de géolocalisation sociale. L'entreprise donne, par exemple, une réduction supplémentaire à un utilisateur qui devient le maire dans l'un de ses points de vente. Cette campagne, qui se déroule dans plus de 11 000 points de vente à travers l'Amérique, est d'une simplicité désarmante. Il est trop tôt pour connaître l'impact exact de telles campagnes, mais nous pouvons d'ores et déjà avancer que les réseaux sociaux sont en voie de devenir les nouvelles cartes de fidélité des entreprises.

Les possibilités de tels réseaux sont infinies, et nous n'en sommes qu'aux premiers balbutiements. Nous avons tous hâte de voir ce que l'avenir nous réserve et, surtout, de savoir où nous serons à ce moment-là.

Parce qu'il n'y a pas que le virtuel

Les rencontres et les événements

Parce que nous demeurons des êtres de chair et que nous avons tous besoin d'interagir physiquement avec nos pairs, les différents utilisateurs des communautés virtuelles se retrouvent régulièrement lors d'événements dans des lieux publics.

Que ce soit pour les Yulbiz (rencontres des blogueurs d'affaires) de Paris ou de Montréal, les tweetups (rencontres spontanées d'utilisateurs de Twitter) dans différentes villes américaines, les Paris Twitte-t-il? (soirées de tweeteurs parisiens qui se rencontrent autour d'un verre) ou les différents twestivals (événements planétaires regroupant la communauté Twitter qui aide à collecter des fonds pour des organismes de charité), les occasions de partager des sourires, des échanges et des conseils hors du virtuel abondent.

Il y a à peine quelques années, les détracteurs du Web criaient haut et fort qu'Internet enfermait les gens dans une bulle et les empêchait de socialiser. Lorsque l'on considère la popularité de ces événements, on s'aperçoit qu'il n'en est rien.

Parce que derrière chaque ordinateur, chaque clavier, chaque téléphone intelligent se trouvera toujours un être humain qui n'a qu'une envie: connecter avec les autres.

Parce qu'un ;-) ne remplacera jamais une bonne poignée de main!

Annexe

Des adresses utiles pour maîtriser Facebook

Adresses internes

Création d'une page : http://www.facebook.com/pages/learn.php
Création d'un groupe : http://www.facebook.com/groups/create.php
Statistiques des pages : http://www.facebook.com/insights
Facebook Mobile : http://www.facebook.com/mobile
Bannières et autres widgets : http://www.facebook.com/facebook-widgets
Répertoire des applications : http://www.facebook.com/apps
Création de publicités : http://www.facebook.com/advertising
Guide sur la publicité : http://www.facebook.com/adsmarketing
Social plugins : http://developers.facebook.com/plugins
Synchronisation de Facebook et de Twitter : http://www.facebook.com/twitter
Paramètres de confidentialité : http://www.facebook.com/privacy
Section « Aide » : http://www.facebook.com/help
Politique de respect de la vie privée : http://www.facebook.com/policy.php
Personnalisation de l'URL d'un profil ou d'une page :
http://www.facebook.com/username
Blogue officiel de Facebook : http://blog.facebook.com

Adresses externes

Site spécialisé pour les développeurs et le marketing. :
http://www.insidefacebook.com/
La ressource non officielle de Facebook : http://www.allfacebook.com
Compte YouTube de Facebook :
http://www.youtube.com/user/theofficialfacebook

Table des matières

Facebook

RECYCLÉ
Papier fait à partir
de matériaux recyclés
FSC® C021757

Marquis imprimeur inc.

Québec, Canada
2010

Imprimé sur du papier Silva Enviro 100% postconsommation
traité sans chlore, accrédité Éco-Logo et fait à partir de biogaz.